JN239011

決定版

仕事が速くなる！
問題解決フレームワーク

芝浦工大大学院客員教授 経営コンサルタント
西村克己
KATSUMI NISHIMURA

Gakken

はじめに

　私たちは日々の仕事の中で、さまざまな「問題解決」を求められます。新しい問題にぶつかったとき、現状を分析し、問題点を見つけて解決策を見出そうとします。

　このような進め方や考え方は、決して間違ったものではありません。しかしそれらは、現状分析、問題点の把握、解決策の立て方によって結果が大きく変わってきます。多くの人々が、手探り状態のまま、あまりよく考えずに実行してしまうことが多いようです。

「いかに優れた部分最適も、全体最適には勝てない」

　これは、マネジメントの概念を世に広めたＰ．Ｆ．ドラッカー博士の言葉です。この言葉は、部分にとらわれる前に、まず全体観を持つことの重要性を説いています。

　問題全体をどのように把握し、どのように問題解決するのかという枠組み（フレームワーク）が、事前にわかっていればどうでしょうか。きっとあなたは、手探り状態から一歩抜け出すことができるでしょう。

　フレームワークを使って情報を整理し、優先順位を決定してから実行に移すことで、問題解決のスピードと完成度が格段に上がるのです。

　本書は、好評をいただいた『仕事の速い人が使っている 問題解決フレームワーク44』のコンパクト版です。いつも手元に置いて、問題に遭遇したときに、パラパラとめくって見てください。そして、使えそうなフレームワークが見つかったら、そのフレームワークを実際に使ってみてください。問題解決の新たな地平が、見えてくることでしょう。

西村克己

本書の使い方

本書では38のフレームワークをご紹介します。1つのフレームワークが4ページでわかるようにまとめています。前半の2ページがフレームワーク解剖、後半の2ページがトレーニングです。

前半▶フレームワーク解剖

ここではフレームワークごとの考え方や利用法についてご紹介します。
この2ページを読むだけで1つのフレームワークをマスターできます。

- ここで紹介するフレームワークについて簡単にまとめています
- フレームワークの内容がひと目でわかるように図解化しています。図解化をすることで思考の流れがつかみやすくなります
- このフレームワークの定義を解説します
- フレームワークの利点を紹介します
- フレームワークの仕組みや具体的な使い方について解説します

後半 ▶ トレーニング

ここでは事例をもとにフレームワークの使い方を考えていきます。
フレームワークが現実のビジネスにどう役立つのかを理解しましょう。

今回のケースの問題点についてまとめています

問題解決案について解説しています

1章 頭を整理し、行動力を高めるフレームワーク

問題解決トレーニング
コンビニの値下げ競争を抜け出すには

問題発生! 値からなくなったコンビニのおにぎり競争

コンビニ業界は、デフレ経済によって低価格の要請圧力が高まっています。特に定価のないおにぎりは、値下げ競争が激化しています。通常120円だったおにぎりは、95円、88円と値下げされ、80円にしても売れない状況が続いてきました。

おにぎりが80円では、利益がほとんど出ない状況です。売れ残りが出れば即赤字です。貧乏ヒマなしといったところです。

どのコンビニチェーンも、値下げ競争で疲弊しています。あるコンビニチェーンでは、70円のおにぎりを「2個で100円セット」とするなど、さらに値下げをするというウワサも流れています。

さて、このような泥沼状態の値下げ競争に、どのように勝ち残ればいいでしょうか?

フレームワーク活用の手順

❶ おにぎり市場のマクロ（全体）をミッシーで確認する
値下げという方向に偏りすぎていることに気づくべきです。偏りが出ないためには、まずおにぎり市場のマクロ（全体）をミッシーで把握します。

❷ 全体の中から現在の優先順位を確認する
低価格品、中級品、高級品の3つの市場に分けてみます。現在は、低価格品にのみ優先順位を付けて、価格競争に明け暮れている状態です。まさに消耗戦、的外れの努力ではないでしょうか。

❸ 今後のビジネス拡大のための優先順位を決める
おにぎり市場の優先順位を見直します。もともとは120円の中級品が値崩れしてきた状況から起きています。そこで思いきって、高級品市場にターゲットを絞ってみてはいかがでしょうか。

「マクロ・ミクロ」で問題の···

解決のコツ 高くても売れるおにぎりの市場を考え···

おにぎり市場のマクロ（全体）をミッシーで把握す···とで、低価格品の逆の、高級品市場があることに気づきました。

そこで優先順位を決め、「高くても売れるおにぎり」の市場に注力することにしました。ずばり200円で超満足するおにぎりです。高級品を200円、中高級品を160円としたラインナップに切り替えます。

なお、お弁当市場においても同様の価格競争が起きることが予想できるため、同様に高級弁当も考えてみる必要あるでしょう。

全体を見渡して、値下げ競争の呪縛から抜け出す

マクロ

中級品　高級品　低価格品
　　　　　　　　24h　　24h
　　　　　　　チェーン店　チェーン店

ミクロ

高級品　2倍高くても超満足!

　　　2倍高くても超満足!
　　　究極のおにぎり
　　　200円!

問題解決を進めるにあたっての整理の手順をまとめています

図解で問題解決の流れをまとめています

CONTENTS

- はじめに ———————————————————————— 3
- 本書の使い方 ———————————————————————— 4

序章
フレームワークの準備知識

A　フレームワーク思考に欠かせない
　　「ミッシー」というキーワード ———————————————— 012
B　問題の全体像を把握する「枠組み」、それがフレームワーク —— 016
C　「ロジックツリー」でフレームワークを、さらに階層に分解 —— 020
　　■コラム　コンサルタントの強みはどこにある？ ———————— 024

第1章
頭を整理し、行動力を高めるフレームワーク

1　「マクロ・ミクロ」で問題の見落としを防ぐ ————————— 026
　　■トレーニング⇒コンビニの値下げ競争を抜け出すには
2　「外部・内部」で偏った考えを防ぐ ————————————— 030
　　■トレーニング⇒携帯電話メーカーの新たな事業戦略とは
3　「＋要因・－要因」でバランスのよい評価をする ——————— 034
　　■トレーニング⇒高速道路の無料化問題を検証するには
4　「質・量」（定性評価・定量評価）で
　　意思決定をバランスよくおこなう ——————————————— 038
　　■トレーニング⇒「お金優先」の経営判断を評価するには
5　「ハード・ソフト」でビジネスチャンスを見つける ——————— 042

CONTENTS

- ■ トレーニング⇒医療機器メーカーのビジネスに新展開は
- 6 「過去・現在・未来」の視点から、時系列で考える ——— 046
  - ■ トレーニング⇒お金を使いたくない新社長の投資戦略
- 7 いち早く目標を達成する経営管理サイクル「PDCA」 ——— 050
  - ■ トレーニング⇒「達成可能な事業計画」を立てるには
  - ■ コラム　ソフトで付加価値を高める通信教育 ——— 054

第2章
分析力を高めるフレームワーク

- 8 「SWOT分析」で社内外の状況を認識する ——— 056
  - ■ トレーニング⇒会議が紛糾する広告会社の経営課題とは
- 9 「PEST分析」で大きな視点から環境を分析する ——— 060
  - ■ トレーニング⇒打つ手が遅い経営を改善するには
- 10 「5フォース分析」で「競争」の視点から環境を認識する ——— 064
  - ■ トレーニング⇒家電メーカーの競争力を高めるには
- 11 「マーケティングの4C」により顧客の視点で分析する ——— 068
  - ■ トレーニング⇒儲からないコンビニの弱みをどう克服するか
- 12 「マッキンゼーの7S」で企業の状況を多面的に分析する ——— 072
  - ■ トレーニング⇒3年前から目標不達の売上利益計画
- 13 財務分析に効果を発揮する「変動費・固定費」 ——— 076
  - ■ トレーニング⇒固定費の高い会社の利益アップとは
  - ■ コラム　「SWOT分析」を個人の育成課題に活用 ——— 080

CONTENTS

第3章
視点を変え、新たなビジネスを生み出すフレームワーク

14「PMマトリックス」でビジネスの多角化を考える ── 082
- トレーニング⇒新しいもの好き製菓会社の有望な新規事業

15「ポーターのバリューチェーン」でビジネスの差別化を考える ── 086
- トレーニング⇒メーカーの「在庫の山」を解消するには

16「スクラップ&ビルド」でビジネスを抜本的に改革する ── 090
- トレーニング⇒部品会社の「不採算部門」を解消するには

17「AIDMAモデル」で顧客を知り営業効率を高める ── 094
- トレーニング⇒不動産販売会社の契約率をアップさせる

18「製品ライフサイクル」で製品の価値を把握する ── 098
- トレーニング⇒ジリ貧の家電メーカーが挽回するには

19「イノベーター理論」は新製品が市場に普及するプロセス ── 102
- トレーニング⇒マニアックな文房具の購買層を広げるには
- コラム　技術立社を支える三新活動 ── 106

第4章
ビジネスの落とし穴を見つけるフレームワーク

20 経営資源の基本「ヒト・モノ・カネ・情報」 ── 108
- トレーニング⇒拡大しすぎた事業規模を適正化するには

21「顧客・競合・自社」の視点で戦略の見落としを防ぐ ── 112
- トレーニング⇒狙い通りに業務効率化を進めるには

22「再建・売却・撤退」は既存ビジネスの経営改革の基本 ── 116

CONTENTS

- トレーニング⇒手を引くべき「衰退事業」はどれか
- 23 「マーケティングの4P」で販売力を強化する ── 120
  - トレーニング⇒新規事業の「成功確率」を高めるには
- 24 「QCD」でビジネスの品質を高める ── 124
  - トレーニング⇒「仕事が丁寧すぎる人」の方法改善とは
- 25 「Win・Lose」で取引先との関係を改善する ── 128
  - トレーニング⇒強引な取引先とベストな関係を築くには
- コラム　Win-Winでアライアンスを強化する ── 132

第5章
優先順位を決定するフレームワーク

- 26 「重要性・緊急性」から優先順位を決定する ── 134
  - トレーニング⇒「成果を出せ」という上司を認めさせるには
- 27 「手間・成果」で仕事の成果を高める ── 138
  - トレーニング⇒「成果の出る努力」について考える
- 28 着実に仕事を進めるプロセス「企画─設計─実施」── 142
  - トレーニング⇒「とにかくやれ！」の上司につける薬とは
- 29 「E・C・R・S」の視点で無理のない改善・改革案を考える ── 146
  - トレーニング⇒出張の回数をできるだけ減らすには
- 30 チームで合意をとるのに効果があるプロセス「発散→収束」── 150
  - トレーニング⇒「意見が出にくい会議」を変えるには
- 31 「優先順位・グルーピング」で大量の情報を整理する ── 154
  - トレーニング⇒「リーダーのいない会議」の上手なやり方
- コラム　米国企業の意思決定法とは ── 158

CONTENTS

第6章 プレゼンに役立つフレームワーク

32 プレゼンの大前提
「変化しやすいレディネス・変化しにくいレディネス」——— 160
- トレーニング⇒聞き手にウケるプレゼンをするには

33 プレゼン成功の3つのプロセス「プレ・本番・アフター」——— 164
- トレーニング⇒プレゼンはうまいのに受注がとれない

34 プレゼンの最小要素
「背景・テーマと問い・答え・期待する反応」——— 168
- トレーニング⇒人から信頼される話し方ができない

35 「Why?・So What?」で論理的に話す ——— 172
- トレーニング⇒論理的で説得力のある話し方を身につける

36 下手なプレゼンをする人は
「Whyレス・主張レス・情報過多」——— 176
- トレーニング⇒言いたいことが、きちんと伝わらない

37 単純明快な並列型・説得ストーリー
「主張・説得理由・説得材料」——— 180
- トレーニング⇒わかりやすく簡潔なスピーチを組み立てるには

38 じっくり型の解説型・説得ストーリー
「判断材料・判断基準・判断結果」——— 184
- トレーニング⇒根拠がなく、説得力のない事業提案
- コラム　意思決定者のタイプで見極めよう ——— 188

序 章

フレームワークの準備知識

序章　フレームワークの準備知識

A フレームワーク思考に欠かせない「ミッシー」というキーワード

まずはフレームワークを理解するのに不可欠な「ミッシー」について押さえておこう。問題をフレームワークにあてはめる際の大前提となる考え方だ。

論理思考とはモレ、ダブリなく筋道を立てて考えること

　フレームワークとは、物事の全体の構成要素をわかりやすく表現したものですが、ここで必要なのが「ミッシー」という考え方です。ミッシーは、ひと言でいえばモレやダブリがない状態のことです。
　そもそも、なぜ思考のモレ（漏れ）があるといけないのでしょうか。
　モレがあると全体観を見失ってしまいます。わかっている部分とわからない（欠落している）部分が点在している虫食い状態の知識や認識では、考え方の筋道が描けません。断片的な理解では、論理的に考えることができないのです。
　論理思考（ロジカルシンキングと同義語）とは、論理的に考えることです。つまり論理思考とは、筋道を立てて考えることです。
　論理的に考えることができないということは、論理的に話すこともできません。論理的に話せなければ、より多くの人を説得するのも難しくなります。
　一方、ダブリ（重複）があってもうまくありません。ダブリがあると、何度も同じ作業を繰り返すモグラたたき状態になり、ムダや混乱が発生しやすいのです。
　たとえば、ダブリがある状態で話をすると、聞き手は「さっきの話といまの話は同じような内容のようですね。2つは同じ話ですか？　別の話ですか？」などと確認する必要が生じます。同じ話なら本来、一度話せばいいわけで、話す内容にムダが発生します。また聞き手にとっては、混乱が発生します。
　このように、論理的であるためには、モレやダブリがないほうがいいのです。**モレやダブリがあると全体観を見失いやすくなるのです。**
　全体をモレやダブリがない状態で把握することで、筋道を立てて考える第一歩が踏み出せるのです。

フレームワーク思考に欠かせない「ミッシー」というキーワード　序-A

ミッシー（モレやダブリがない状態）で全体を把握しよう

ＭＥＣＥ＝Mutually Exclusive Collectively Exhaustive

ミッシーのイメージ

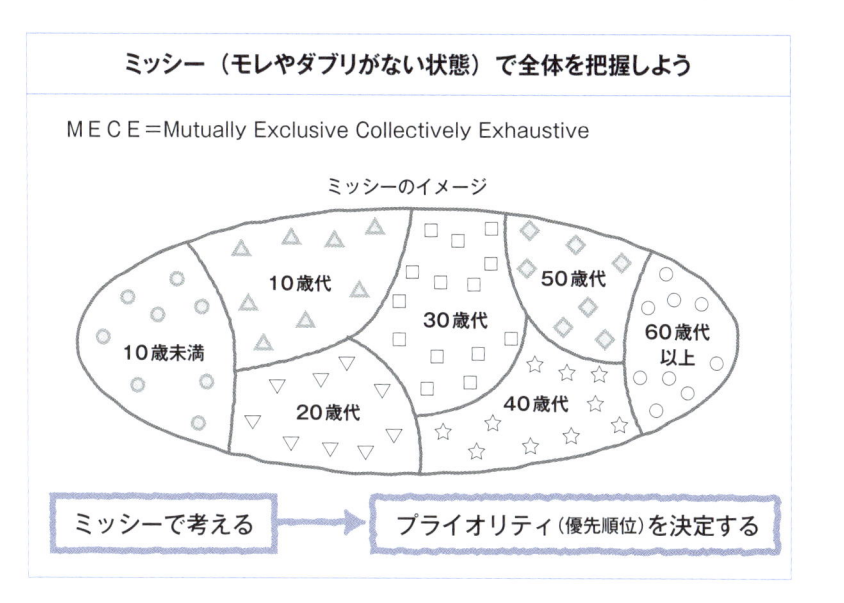

（10歳未満／10歳代／20歳代／30歳代／40歳代／50歳代／60歳代以上）

ミッシーで考える → プライオリティ（優先順位）を決定する

トップコンサルティング会社・マッキンゼーが作った「ＭＥＣＥ」

　全体をモレやダブリがない状態で把握することを、ミッシー（ＭＥＣＥ；Mutually Exclusive Collectively Exhaustive）と呼んでいます。ミッシーは、論理思考の重要キーワードの１つです。

　ミッシーという概念は、コンサルティング会社のマッキンゼーが、1980年代に作ったといわれています。論理的に顧客に説明することが重要なコンサルティング会社にとっては、ミッシーは不可欠な概念なのです。説明に思考のモレやダブリがあると、クライアント（依頼者）は納得しないからです。

　まず全体像を把握するために、ミッシーで全体の構成要素を細分化（要素分解）します。たとえば、マーケティングでは、年齢層で市場を細分化することがよく用いられます。アラサー（30代前後）、アラフォー（40代前後）というキーワードが流行したのが記憶に残っている人も多いでしょう。

「何項目くらいに細分化すればいいのか？」と気になる方も多いでしょう。数項目単位がおすすめです。具体的には、２～６項目前後で細分化したものが、ミッシーになっていればいいのです。２項目の場合は、「表・裏」のように、正反対

の組み合わせが便利です。

　年齢のように、数値化できるものでミッシーを考えることは容易です。数字の切れ目が明確であるうえ、「以上」「以下（未満）」を使えば、残りすべてを網羅できます。

　数値化できないものをミッシーで細分化することは、慣れていない人には難しいかもしれません。そこで、ミッシーのコツについて考えてみましょう。

「反対」「それ以外」という視点でマーケットを考えると…

　ミッシーのコツは「反対」「それ以外」を考えることです。ではまず、「反対」について考えてみましょう。

　いま考えていることの「反対」を考えることで、思考のモレを見つけることができます。たとえばビール市場では、かつて酒税法の改正で、発泡酒と雑穀酒の新しい市場が生まれました。そして、安値競争に突入したのです。しかし、そこで「反対」を考えてみます。安いビール市場に対して、プレミアムビールという高いビール市場を考えてみます。すると、「安値競争だけでは儲からないな」ということに気がつくのです。

　反対を考えることを、「逆転の発想」と呼んでいます。180度正反対を考えることで、思考のモレ（死角）を発見するのです。**狭い範囲に偏りすぎた思考を切り替えるために、反対を考えることが効果的なのです。**

　もう1つのミッシーのコツは、いま考えていることに対して「それ以外」を考えることです。「他に何かないか？」を問いかけることで新しい思考のモレ（死角）を探すのです。

　会議などで、細かい話題に終始して、どうでもいい議論に入り込むことはないでしょうか。議論のための議論にはまり込むと抜け出せなくなってしまいます。ところが冷静に考えてみると、そもそもの目的に関係ないことを議論して、時間を浪費しているだけです。袋小路に入りそうになったら、「他に何かないか？」を問いかけて、目的を達成するために必要な議題を見つけるのです。

ミッシーを考えた後は、必ずプライオリティを付けること

　数値化できない場合、ミッシーが証明できないときがあります。たとえば、テレビ番組を「情報・娯楽・教養」に大分類したとします。「これでミッシーか？」と言われても、断定できないことはよくあります。

フレームワーク思考に欠かせない「ミッシー」というキーワード　序-A

「反対」「それ以外」を考える

- 内部
- ハード
- ＋要因
- 価値
- 変動
- ミクロ
- 質

⇔ 反対 ⇔

- 外部
- ソフト
- －要因
- 費用
- 固定
- マクロ
- 量

- それ以外

逆転の発想＝180度正反対を考えること

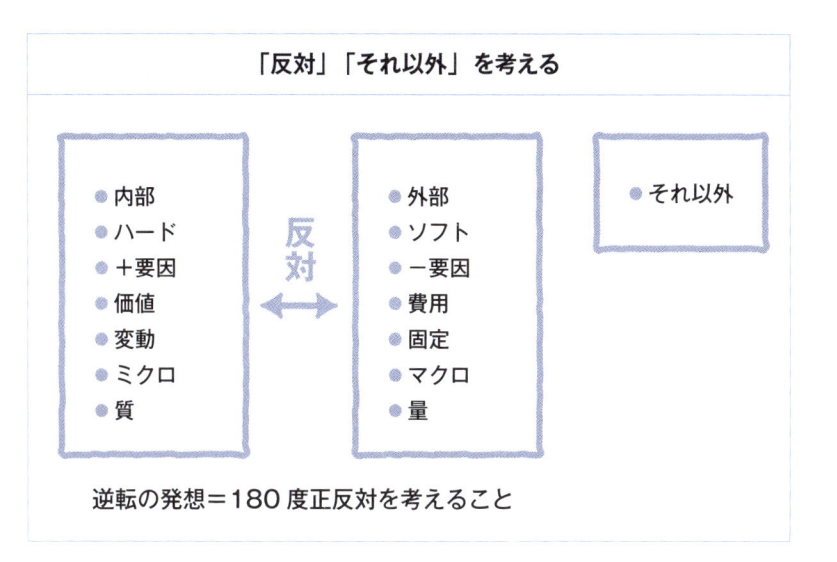

　証明できないときは、「十分ミッシーを考えたよね」という割り切りも必要です。完璧なミッシーを追求しようとしたら、いくら時間があっても足りません。

　どの範囲でミッシーを考えればいいかは、目的によって最初に決定します。部内の問題を考える場合は、部内の範囲に限定します。また、時間の使い方について考える場合は、1日の使い方なのか、1年間の使い方なのかによって、範囲を最初に決めます。

　ミッシーを考えた後の大切な仕上げは、必ずプライオリティ（優先順位）を付けることです。「ミッシー→プライオリティ」と覚えておいてください。

　限られた時間とお金を使って、投資対効果を最大化することが、ビジネスでは大切です。個人であれば、限られた時間とお金を使って、より幸せな人生を目指すことが大切なのはいうまでもないでしょう。

　ミッシーで問題全体を細分化したら、プライオリティを付けます。そして、その順に沿って効率的に問題解決のアクションを起こしていくわけです。

　ミッシーを最初に考える大目的は、「少ない資源で成果を最大化する」です。的外れの努力（時間とお金の投入）を未然に防止するのがねらいです。限られた時間とお金ですから、全部の方策を試そうとすると、すべてが中途半端な仕上がりになるでしょう。ミッシーを考えることで、ムダな努力がなくなるのです。

序章　フレームワークの準備知識

B　問題の全体像を把握する「枠組み」、それがフレームワーク

フレームワークとは、直面した問題の全体像をつかむため、その構成要素を数個以内に分解したもの。たとえば季節なら春・夏・秋・冬というようにだ。

フレームワークとはミッシーで大分類した枠組み

　ミッシーを考えるのが苦手な人は、フレームワークを使って要素を分類するのが近道です。**フレームワークとは「枠組み」のことであり、物事をミッシーで大きく分類したものです。**

　身近で使っているフレームワークもたくさんあります。そのいくつかをご紹介しましょう。

　日本の季節は、四季（春・夏・秋・冬）で表します。熱帯地方では、二季（雨季・乾季）をフレームワークとする国もあります。フレームワークは、目的や実態に合わせて自分たちで定義してもかまいません。

　紳士服の季節は、3シーズン（夏物・冬物・あい物）が使われています。紳士服の場合は、春と秋を分ける必要がないので、あい物でひとまとめにすることができます。

身近でも使っているフレームワーク

　私たちは普段の生活の中でフレームワークをごく自然に使っています。

　スポーツ精神で有名なフレームワークが、「心・技・体」です。スポーツでは体を鍛えることも大切な目的ですが、体だけでは不十分です。「心」は精神面を鍛え、時にはストレスも発散してくれます。「技」では、さまざまな技術を身につけることで、勝てる能力を高めます。またスポーツ精神にのっとり、正々堂々とした心と技で取り組むことが大切です。

　国家防衛は、「陸・海・空」が有名です。ランク分けの「松・竹・梅」「上・中・下」は身近な生活で使われています。

　人気の海外旅行は、「安・近・短」ですが、最近は「安・近・短（堪）」ともいわれます。「短」は短期間で時には休暇なしでも行ける、「堪」は、堪能の堪です。

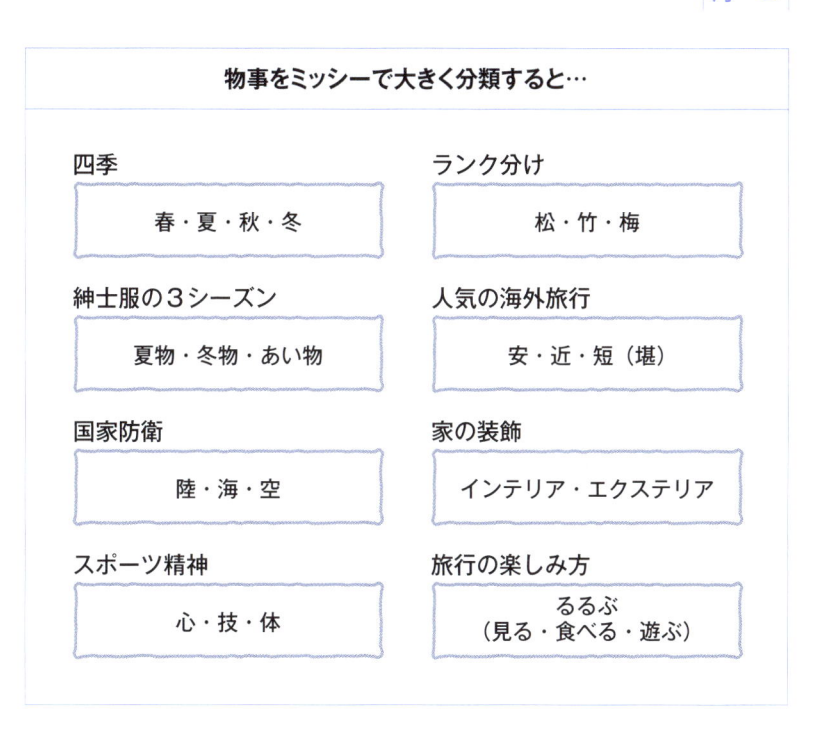

問題の全体像を把握する「枠組み」、それがフレームワーク　序-B

物事をミッシーで大きく分類すると…

四季
- 春・夏・秋・冬

紳士服の3シーズン
- 夏物・冬物・あい物

国家防衛
- 陸・海・空

スポーツ精神
- 心・技・体

ランク分け
- 松・竹・梅

人気の海外旅行
- 安・近・短（堪）

家の装飾
- インテリア・エクステリア

旅行の楽しみ方
- るるぶ（見る・食べる・遊ぶ）

　家の装飾は、「インテリア・エクステリア」で、中と外を区別しています。旅行の楽しみ方は、旅行会社のJTBが発行する雑誌「るるぶ」がフレームワークです。るるぶは、「見る・食べる・遊ぶ」です。「泊まる」も加えていいかもしれませんが、「るるるぶ」では語呂が悪いでしょう。

　いいフレームワークは、語呂合わせがキレイにできることが多いのです。牛丼チェーンの吉野家の「うまい・早い・安い」は有名です。また、人間が生きるための基本的な要素として、「衣・食・住」が有名です。「衣」は、「医」と表現されることもあり、衣類と医療の意味があります。

人生のフレームワーク「仕事・自分・身内・他人」

　本書では、第1章から6章までの間に、38個の代表的なフレームワークを厳選して紹介しています。しかし、フレームワークは目的に合わせて、自分たちで作ってもかまいません。

序章 フレームワークの準備知識

たとえば、営業部門が果たすべき役割は、「売上・利益・顧客」とします。「売上目標を達成し、利益を確保し、既存顧客と新規顧客を増やしていく」というような役割を、簡単な言葉でフレームワークとして定義するのも一案です。

ここで試しに、人生のフレームワークを考えてみましょう。人生のフレームワークを作成する目的は、自分の時間を有意義に使うためです。

「仕事・自分・身内・他人」の4つをフレームワークとして定義してみます。自分の時間を、「仕事のために使う」「自分のために使う」「身内のために使う」「他人のために使う」の4つに分けるということです。他人のために使うとは、地域住民との交流、ボランティア活動などを意味します。

さて、あなたの人生のフレームワークにおけるプライオリティ（優先順位）はどうなっているでしょうか。プライオリティの付け方には2つの方法があります。1つめが、選択する（自分の意思で選ぶ）という方法です。2つめは、**限られた資源を配分するという方法**です。

ここでは、限られた資源を配分するという方法として、100%という数字を配分してみてください。「仕事・自分・身内・他人」にそれぞれ何％を配分しますか。個人にとっての資源は、「時間・お金」です。ここでは、時間でプライオリティを付けてみましょう。

プライオリティに「正解」はない

人生のフレームワークのプライオリティに正解はありません。あなたが記入したプライオリティが、あなたの人生を無意識に支配しているのです。仕事ばかりに比重が高い人は、いずれ熟年離婚の危機を迎えるかも？　自分の比重が低い人は、定年後の趣味がなくて寂しい思いをするかもしれません。人生のフレームワークは、どう人生のライフワークを設計するかの第一歩です。

一時期、「ワークライフバランス」という言葉が流行しました。しかしある人は、「ライフワークバランス」であるべきだと言います。違いがわかりますか？
「ワークライフ」は、ワーク（仕事）が先というプライオリティ、「ライフワーク」は、ライフ（生活）が先というプライオリティということ。
「ワークライフバランス」と、ワーク（仕事）を先に持っていっているようでは、ワーク（仕事）漬けから抜け出せないという話です。
「ワークライフ」「ライフワーク」と、逆を考えることはミッシーの逆転の発想です。このようにミッシーで身近な事例から、一歩一歩視野を広げましょう。

問題の全体像を把握する「枠組み」、それがフレームワーク　序-B

人生のフレームワークを考えてみよう

【問題】合計100%を配分することで、優先順位を付けてください
※自分の時間の使い方の優先順位を考えるフレームワーク

仕事
（専門性、給与、働きがい、自己実現）
＿＿＿％

自分
（趣味、生きがい、幸せ）
＿＿＿％

身内
（家族、親、親戚）
＿＿＿％

他人
（友人、近所）
＿＿＿％

自分以外＝身内＋他人

序章　フレームワークの準備知識

C 「ロジックツリー」でフレームワークを、さらに階層に分解

フレームワークをさらに階層に分類した状態がロジックツリーだ。ロジックツリーは物事を大小関係や因果関係で階層に整理した、論理思考の代表的手法のこと。

階層に分け、大量の情報を整理できるロジックツリー

　フレームワークで分類した情報を、さらにミッシーで階層に分けて情報整理すると、大量の情報がコンパクトに整理できます。また、階層に分けることで、大小関係や因果関係を簡潔に示すことができます。このような整理方法をロジックツリーといい、実行する際の手順決めやチームの役割分担が容易になります。

　ロジックツリーには、プレゼンツール（パワーポイントなど）を使った図解表現と、表計算ソフト（エクセルなど）を使った図表表現の2つがあります。

　プレゼンツールのメリットは、見た目から階層構造がイメージしやすい点にあります。デメリットは、大量の情報を記述できないこと、改訂（追加・修正・削除）に手間がかかることです。

　表計算ソフトのメリットは、大量の情報を記述でき、かつ改訂が容易であることです。デメリットとしては、見慣れていない人にはとっつきにくい点です。しかし、見方がわかればすぐにデメリットは解消できます。表計算ソフトを使うほうが、作成も改訂も便利です。

ロジックツリーの用途は情報整理

　ロジックツリーの用途は、ひと言でいえば情報整理です。**大量の情報を、大小関係や因果関係で階層に分けることで、全体と部分の構造がひと目で把握できます。**

　たとえば、課題（テーマや施策）を体系的に整理するときに便利です。

　右図では売上向上の手段をロジックツリーの図解で整理しています。売上向上の手段として、まず「既存顧客売上増」と「新規顧客売上増」をグルーピングします。これを、レベルⅠと考えます。

　さらに、既存顧客売上増は、売上向上、購入量アップ、値引率低減などの細目

「ロジックツリー」でフレームワークを、さらに階層に分解　序-C

ロジックツリーの図解表現

レベル0 目的	レベル1 手段	レベル2	レベル3
(主要課題) 売上向上	既存顧客売上増	売上向上 / 購入量アップ / 値引率低減 / 定価アップ / 高級品化	
	新規顧客売上増	顧客開拓 / 広告宣伝 / 優遇条件提示	

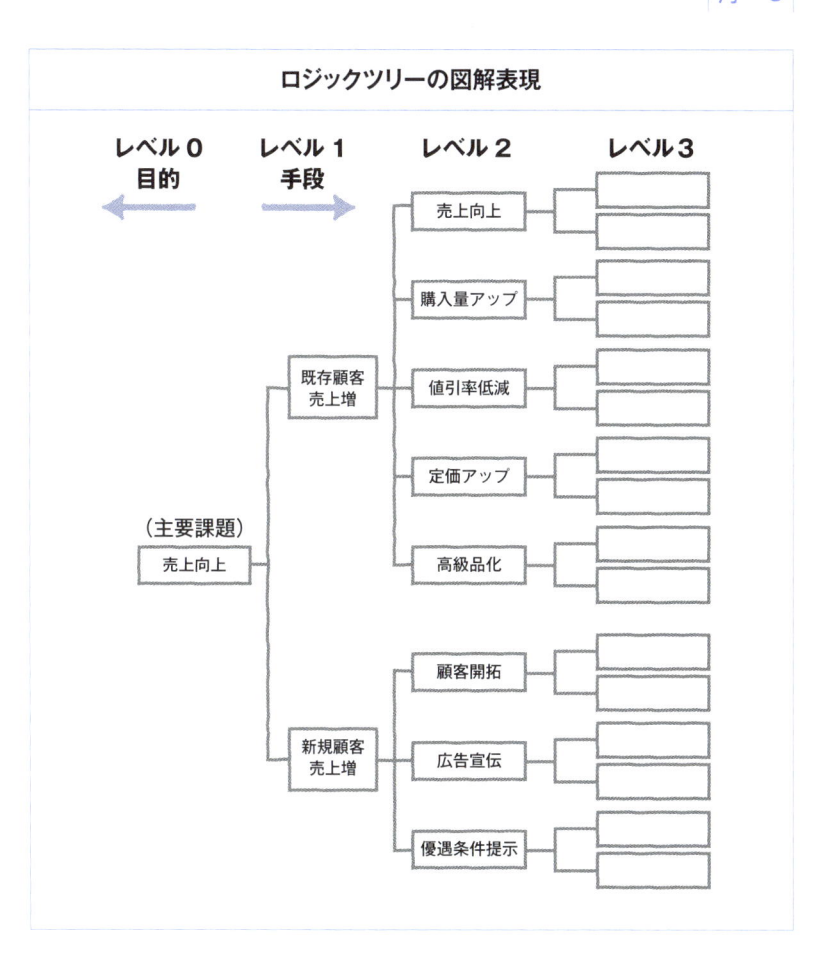

に分解できるでしょう。また同様に新規顧客売上増も細目に分解できるはずです。

ロジックツリーの図解表現

　ロジックツリーは、左側が目的、右側が手段になります。目的が「売上向上」であれば、ミッシーを意識しながら右側の手段を考えていきます。また、因果関係の場合は、左側が大分類（または結果）、右側が小分類（または原因）になります。
　左側から階層別に、レベル1（大分類）、レベル2（中分類）、レベル3（小分類）

に分けられます。通常、レベル３まで分解すると、かなりの詳細分解ができます。
　さらに下位のレベル４(詳分類)、レベル５(細分類)に分解もできます。しかし、レベル３でまず全体像を把握するほうが、詳細に惑わされなくて済みます。

ロジックツリーの図表表現

　ロジックツリーを図表で表し、番号を振ることもできます。たとえば、レベル２の項目だと「１.２」とか、「１２０」という表記方法が用いられます。
　必ずしも番号を振る必要はありませんが、１つひとつの項目を管理するには便利です。右図は、本書の目次要素をロジックツリーにしたものです。レベル１(章立て)、レベル２（大見出し）をロジックツリーにしました。レベル３（小見出し）は省略しています。
「１.２　マクロ・ミクロ」「１２０　マクロ・ミクロ」というように番号を振ってもかまいません。

　ロジックツリーの身近なアプローチとして、まずグルーピングから始めることができます。類似の項目を１つのグループにまとめることで、しだいにロジックツリーに近づきます。グループ名は左側、グループ内の各項目は右側に配置しながら階層にします。
　最後の仕上げは、「これでミッシーか？」を問いかけます。モレやダブリがあれば、修正（追加・修正・削除）します。
　さて、あらゆるものは、すべてロジックツリーで表現できるのでしょうか？答えは可能です。世の中の事象は、必ず大小関係や因果関係で成り立っています。複雑に見えるものでも、ロジックツリーで階層に分けて整理することは可能です。言い換えれば、可能だと信じて、ロジックツリーにしてみてください。自分が不可能だと考えてしまうと、できるものもできなくなってしまいます。
　――ここまでがフレームワーク活用の準備知識です。この基本的な考え方をおさえたうえで、いよいよ個々のフレームワーク解説とトレーニングに入りましょう。

ロジックツリーの図表表現

本書の目次構成のロジックツリー

レベル1		レベル2	
100	頭の整理	110	マクロ・ミクロ
		120	外部・内部
		130	＋要因・－要因
		140	質・量
		150	ハード・ソフト
		160	過去・現在・未来
		170	PDCA
200	分析力	210	SWOT分析
		220	PEST分析
		230	5フォース分析
		240	マーケティングの4C
		250	マッキンゼーの7S
		260	変動費・固定費
300	視点を変える	310	既存と新規・製品と市場
		320	バリューチェーン
		330	スクラップ・ビルド
		340	AIDMAモデル
		350	製品ライフサイクル
		360	イノベーター理論

> COLUMN

コンサルタントの強みはどこにある？

　コンサルタントが、初めてのクライアント（依頼者、依頼企業）に行って、それなりのコンサルティング（専門家の立場から相談にのったり指導したりすること）ができるのはなぜでしょうか？

　クライアントは、上手くいっていないからコンサルタントを雇うわけですが、クライアントが上手くいっていないのは、全体観の視点が欠落しているからです。全体観が欠落していると、次の２つの問題が発生します。１つめは、重要なチャンスを見過ごしていること、２つめは、どうでもいいことに経営資源（ヒト・モノ・カネ・情報）を浪費して、投資に見合った成果をあげていないことです。

　コンサルタントの武器は、フレームワークです。フレームワークにあてはめて、その会社を診断し、解決策を提言します。全体観の欠落や思考のモレを指摘し、全社の整合性と投資のバランスを取り戻すのです。つまり、ミッシーでクライアントを総点検するのです。

　さらにコンサルタントは、F・P・D（フォーマット、プロセス、データ）をクライアントに提供します。

　まず、調査や提言のための「フォーマット」（アウトプットを作成するためのブランクシート）を提供します。そして、そのフォーマットをどのような手順で作成すればいいかという「プロセス」（手順）を示します。そして、経営改革に必要な情報や知識として、さまざまな「データ」（ここでは情報や知識の意味）を提供し、改革のヒントを与えます。

　コンサルタントは、F・P・Dにおいても、ミッシーとフレームワークを意識します。コンサルタントの強みは、全体観を示し思考のモレや偏りを是正することにあります。ただし、実行するのはクライアント自身です。何ごとも他力本願ではなく、自力本願が大切です。

第 1 章

頭を整理し、行動力を高めるフレームワーク

1 「マクロ・ミクロ」で問題の見落としを防ぐ

全体像を持ちながら、部分を考えることで、思考の迷路に入り込むのを防止できる。また相手に説明する場合、話し手も聞き手も迷子にならないためには、マクロ・ミクロの考え方を巧みにとり入れると効果的だ。

マクロ・ミクロとは まず、最初に手をつけるところをはっきりさせる

的外れの努力をなくせば、努力が成果につながります。限られた時間を有効に使うためには、マクロ（全体）からミクロ（部分）に考えることが効果的です。まずはマクロ・ミクロに分けて考えること、そして**マクロを先に把握してからミクロを考える**ことをおすすめします。全体像を1枚の紙で表現し、その後に個別の詳細案を考えるとうまくいくでしょう。

ポイント 物事をわかりやすく説明するための基本

マクロ（全体）からミクロ（部分）に考えることは、すべての仕事、すべての思考の基本です。何か新しいことに着手するときは、まずはマクロから考えて、全体像を明らかにしてください。**全体像を1枚の紙にコンパクトに表現できれば、頭の中も整理できます。**

頭の中を整理できれば、わかりやすい話ができ、相手を説得できるようになります。細かい話は後回しにして、まずはマクロを1枚で表現しましょう。

マクロとして全体像が表現できたら、ミクロ（部分）について考えます。全体と部分の関係を把握することで、非常にわかりやすい説明ができます。

アドバイス 的外れの努力を減らすための助けになる

わたしたちは、自分が考えやすいこと、自分の気がついたことを優先して考える習性があります。どうしても、自分の関心が高い部分、自分の得意領域、自分の仕事に関係がある部分について深く考えようとします。つまりミクロ（部分）に目をつけてしまいがちです。

しかし、まずは全体を把握しないと、筋道が見えなくなります。また、**全体を把握しておかないと、せっかくのチャンスを逃すことになります。**いきなりミク

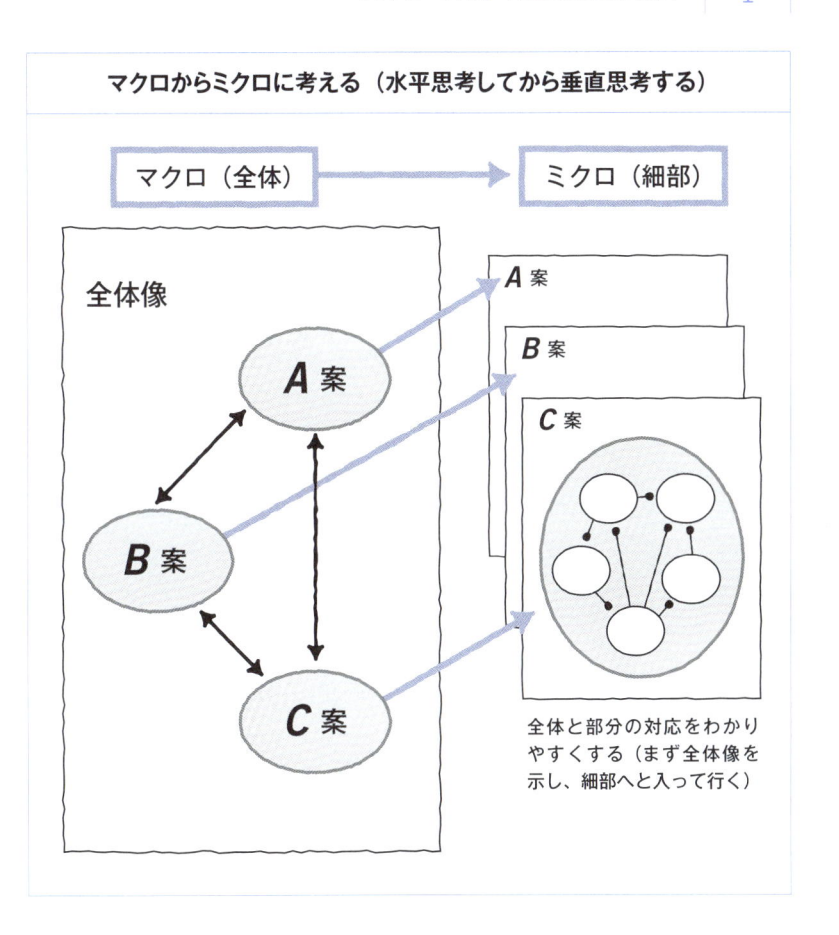

「マクロ・ミクロ」で問題の見落としを防ぐ　1

マクロからミクロに考える（水平思考してから垂直思考する）

マクロ（全体） → ミクロ（細部）

全体像
A案
B案
C案

A案
B案
C案

全体と部分の対応をわかりやすくする（まず全体像を示し、細部へと入って行く）

ロに着手すると、モレに気がつかないまま、優先順位を付けることになるからです。少ない労力でもっと成果を出す可能性を見失うことにもつながるのです。

　たとえば、訪問営業する場合、手当たりしだい顧客を訪問しても、成功率は極めて低いでしょう。あらかじめどのような顧客候補があるか、マクロを把握します。そして、商品の価格や用途などを考慮して、訪問する業種や企業規模などを絞り込んだほうが、ムダ足を減らすことができるでしょう。全体を把握してから部分に取りかからないと、的外れの努力が増えるのです。

1章　頭を整理し、行動力を高めるフレームワーク

問題解決トレーニング　　　　　　　　　　　　Let's try!
コンビニの値下げ競争を抜け出すには

問題発生！　儲からなくなったコンビニのおにぎり戦争

　コンビニ業界は、デフレ経済によって低価格の要請圧力が高まっています。特に定価のないおにぎりは、値下げ競争が激化しています。通常120円だったおにぎりは、95円、88円と値下げされ、80円にしても売れない状況が続いてきました。

　おにぎりが80円では、利益がほとんど出ない状況です。売れ残りが出れば即赤字です。貧乏ヒマなしといったところです。

　どのコンビニチェーンも、値下げ競争で疲弊しています。あるコンビニチェーンでは、70円のおにぎりを「2個で100円セット」とするなど、さらに値下げをするというウワサも流れています。

　さて、このような泥沼状態の値下げ競争に、どのように勝ち残ればいいでしょうか？

フレームワーク活用の手順

❶おにぎり市場のマクロ（全体）をミッシーでモレ・ダブリなく確認する

　値下げという方向に偏りすぎていることに気づくべきです。偏りが出ないためには、まずおにぎり市場のマクロ（全体）をミッシーで把握します。

❷全体の中から現在の優先順位を確認する

　低価格品、中級品、高級品の3つの市場に分けてみます。現在は、低価格品にのみ優先順位を付けて、価格競争に明け暮れている状態です。まさに消耗戦、的外れの努力ではないでしょうか。

❸今後のビジネス拡大のための優先順位を決める

　おにぎり市場の優先順位を見直します。もともとは120円の中級品が値崩れしてきた状況から起きています。そこで思いきって、高級品市場にターゲットを絞ってみてはいかがでしょうか。

「マクロ・ミクロ」で問題の見落としを防ぐ 1

解決のコツ 高くても売れるおにぎりの市場を考える

　おにぎり市場のマクロ（全体）をミッシーで把握することで、低価格品の逆の、高級品市場があることに気づきました。

　そこで優先順位を決め、「高くても売れるおにぎり」の市場に注力することにしました。ずばり200円で超満足するおにぎりです。高級品を200円、中高級品を160円としたラインナップに切り替えます。

　なお、お弁当市場においても同様の価格競争が起きていることが予想できるため、同様に高級弁当も考えてみる必要があるでしょう。

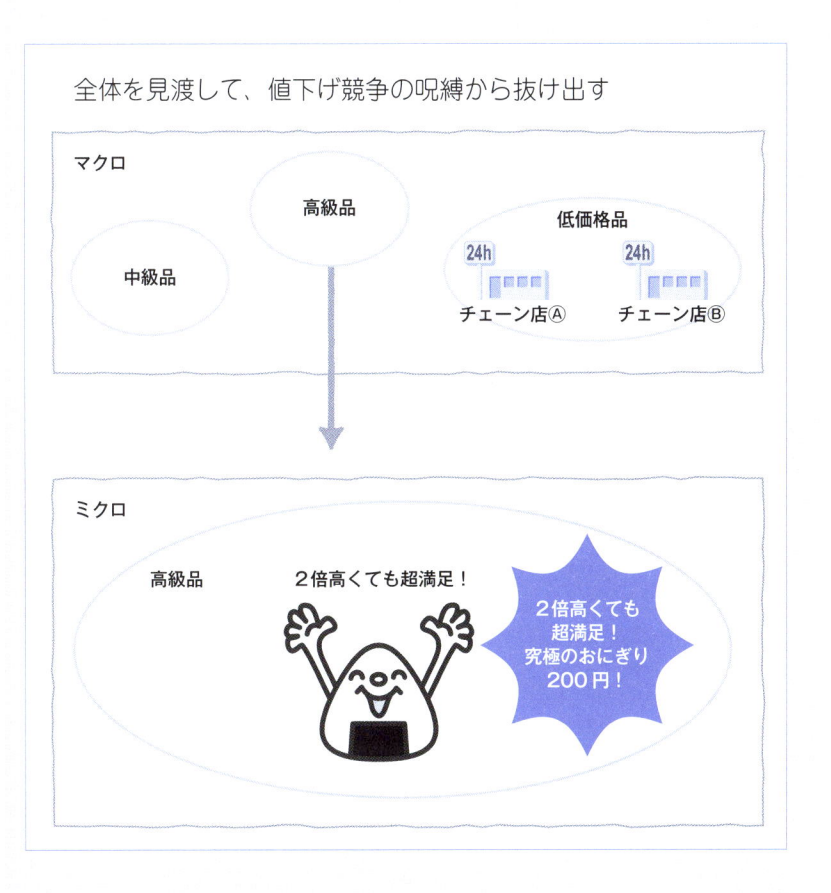

全体を見渡して、値下げ競争の呪縛から抜け出す

マクロ
- 中級品
- 高級品
- 低価格品：チェーン店Ⓐ、チェーン店Ⓑ

ミクロ
- 高級品：2倍高くても超満足！
- 2倍高くても超満足！究極のおにぎり200円！

2 「外部・内部」で偏った考えを防ぐ

「外部・内部」という方向が反対な2つの目で見ることで、物事を立体的に見ることができる。内部ばかりでは視野が狭くなるし、外部だけでも、足元がおろそかになる。「外部・内部」のバランスが大切だ。

外部・内部とは　一方的に偏った見方を正す

「外部・内部」の2つの目で見る(考える)ことで、一方的に偏った見方(考え方)を是正できます。内部を見るメリットは、身近な周囲や足元をきちんと確認できることです。外部を見るメリットは、広く周囲を探索できることです。

外部を見れば、外部環境の変化に気がつきます。**顧客や市場(外部)を見たうえで社内(内部)を見れば、いままでの社内のやり方を改善する必要性に気づく**でしょう。

ポイント　外部に目を向けてヒントを探す

現状の延長線上に限界を感じるとき、外部に目を向けることで、新しい発見が得られるでしょう。たとえば、同業他社で成長率が高い会社をリサーチして成功要因のヒントを得るのも一案です。また異業種や海外の成功企業のリサーチにより、新たなヒントを得ることもできるでしょう。

「外部・内部」の考え方は、「**組織内・組織外**」「**社内・社外**」「**業界内・業界外**」「**国内・国外**」「**地球・宇宙**」というさまざまなとらえ方ができます。

「外部・内部」を考えることで、偏った見方を是正し、死角をなくすことができるのです。

アドバイス　グローバル＋ローカル＝グローカル

企業において、ビジネスパーソンは、企業内部に深く注意を払うことが大半です。上司、部下、同僚との仕事や人間関係、他部署との仕事や人間関係などに気を配ることが常に求められます。

しかし、企業外部にも目を向けなければ、偏った見方になってしまいます。「外部・内部」をバランスよく観察し、何をすべきかを考えるべきです。

「外部・内部」の2つの視点で考える

- 外部 → 社外（社内）
- 外部（内部）→ 業界外（業界内）
- 外部 → 国外（国内）

「グローカル＝グローバル＋ローカル」のすすめ
- グローバルだけでは、足元をすくわれる
- ローカルだけでは、飛躍できない

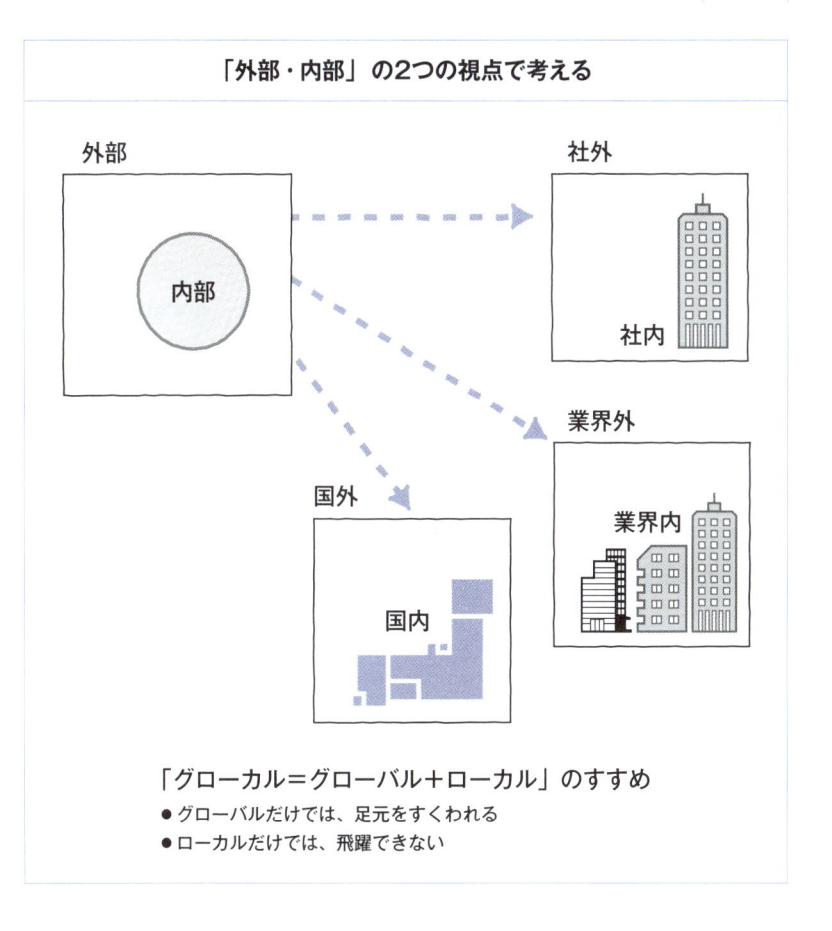

　企業（内部）が完璧な状態ということはありえません。万一、完璧な状態になったとしても、少しでも外部環境（外部）が変化すれば、一瞬にして状況が悪化したりします。法規制が変化する、為替レートが変動する、顧客ニーズが変化する、競合が新製品を出してくるなど、**外部環境の変化に伴い、社内の対応を変える必要があります。**そのため、外部にも目を向ける必要があるのです。
「グローカル」という用語があります。グローカルとは、グローバルとローカルの造語です。グローバルだけでは足元をすくわれます。ローカルだけでは大きな飛躍ができません。グローバルとローカルのバランスが重要ということです。

1章 頭を整理し、行動力を高めるフレームワーク

問題解決トレーニング　　　　　　　　　　　　　　Let's try!
携帯電話メーカーの新たな事業戦略とは

問題発生！ 売上が伸びない携帯電話メーカー

カネホシ電機は、携帯電話を製造しているメーカーです。ドコモ、ソフトバンクなど、日本の通信キャリアに携帯電話を納品しています。携帯電話の性能は国内1、2位を争い、人気メーカーです。

しかし、国内の携帯電話の市場は飽和状態です。アンドロイド携帯の需要が増大しているものの、全機種で年間300万台が限界です。携帯電話業界は、過当競争状態といっても過言ではありません。機能向上と価格競争に終わりはありません。

カネホシ電機の開発者たちも、明け暮れる競争に疲弊しきっています。高性能化といっても、すでに考える機能はすべて出尽くした感があります。普及率が100％に近づきつつある市場を、さらに拡大させる手が見えません。さて、どうしたらいいのでしょうか？

フレームワーク活用の手順

❶売上の現状分析をする

まずは現状分析をして、関係者が解決策を議論できる資料を作成します。売上の現状分析を「外部・内部」で分析、つまり「自社・他社」「国内市場・海外市場」を分析します。同時に、海外の競合メーカーのシェアも調べます。

❷国内外の市場規模と今後の成長率を予測する

現状分析を踏まえて、国内外の市場規模と今後の成長率を予測します。各国の人口構成、現在の普及率から、3～5年先の携帯電話の販売台数を予測します。

❸グローカルな視点で国内外の事業展開を考える

国内外の市場予測と海外の競合メーカーの実態を踏まえながら、グローカルな視点で国内外の事業展開を考えます。今後は、海外のグローバル展開をどうするかをもっと考えるべきでしょう。

解決のコツ 海外戦略も含めて事業戦略を再構築する

　海外戦略も含めて事業戦略を再構築する必要があります。現在、日本の携帯電話メーカーが海外に進出できない障害はあります。たとえば、日本の通信規格と海外の通信規格が異なるという障害です。しかし、既存の技術を改良するだけで、海外通信規格に対応した機種を製造することは容易です。

　あとは販売網をいかに確保するかが問題です。海外の通信キャリアと業務提携して、販売ルートを拡大する方法があります。日本の高度な技術があれば、軽量で扱いやすい携帯電話は売れるでしょう。

　海外戦略も含めて事業戦略を再構築するのです。世界市場で見れば、日本国内の携帯電話市場は10%未満です。10%未満の市場でシェアを奪い合うより、10倍以上の世界市場を舞台に競争したほうが、得られる成果が大きいでしょう。

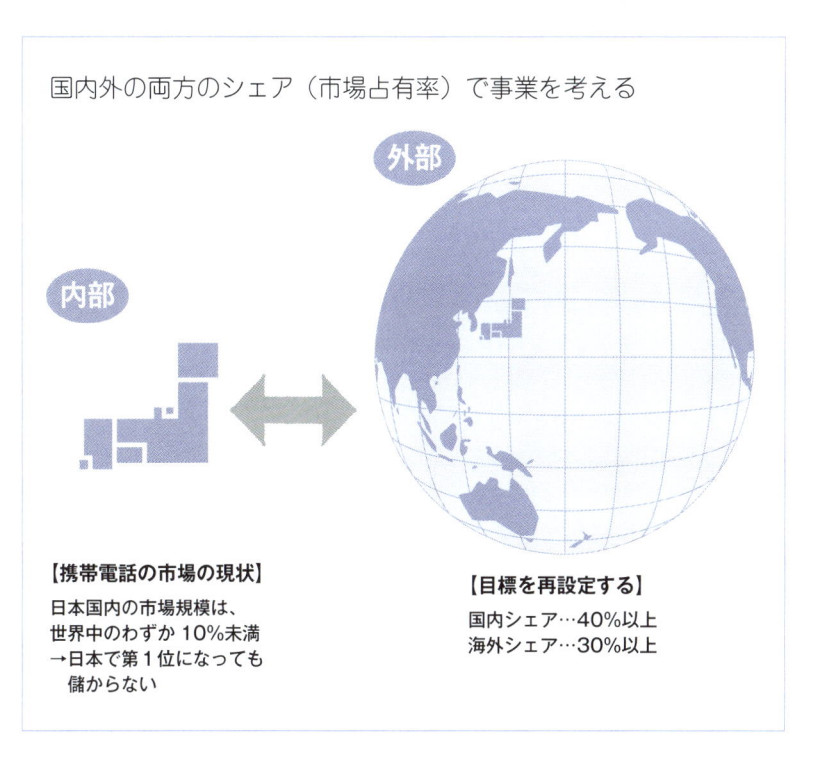

国内外の両方のシェア（市場占有率）で事業を考える

内部 ⇔ **外部**

【携帯電話の市場の現状】
日本国内の市場規模は、
世界中のわずか10%未満
→日本で第1位になっても
　儲からない

【目標を再設定する】
国内シェア…40%以上
海外シェア…30%以上

3 「＋要因・－要因」でバランスのよい評価をする

「＋要因・－要因」または「メリット・デメリット」の両面で考えることで、物事をバランスよく評価することができる。表裏をミッシーで把握することで、偏った見方を防止できるわけだ。

＋要因・－要因とは いい面、悪い面の両面で考える

「＋要因・－要因」または「メリット・デメリット」は、バランスのよい視点を確保するためのフレームワークです。世の中には、1つの案をめぐって賛成派と反対派が対立することがあります。たとえば、高速道路無料化の是非についての対立です。

賛成派は＋要因を訴え、反対派は－要因を訴えます。しかし、**物事には必ず「＋要因・－要因」の両面があります。**

ポイント 客観的に評価してから意思決定する

大切なことを意思決定（覚悟を決めて決定すること）する前に、「＋要因・－要因」の両面を見ることをおすすめします。結論ありきで考えると、評価が意図的に偏ることになり注意が必要です。

たとえば、「新規事業をやるべきだ」と考える人は、新規事業のよさだけに注目しがちです。新規事業が有利になる条件だけを取り上げて「だからやるべきだ」と訴えるのです。時には、既存事業の悪い面だけと、新規事業のよい面だけを取り上げて、新規事業のよさを際立たせようとします。

しかし、大切な意思決定をするときは、「＋要因・－要因」または「メリット・デメリット」の両面をあげて、客観的に評価すべきです。もしプラス要因しかないとしたら、すでにそれは実行されているはずです。

アドバイス 両面を比較して冷静に判断

何事もよい面と悪い面の両面があります。そんなことはわかっていると思うでしょうが、当事者になると冷静さを失い、よい面と悪い面のどちらか一方にひいきするのが人間です。

＋要因と－要因の両方を比較する

持ち家と賃貸の比較

	＋要因（メリット）	－要因（デメリット）
持ち家	● 所有の喜び、愛着が持てる ● 契約更新が不要 ● 大家の都合で追い出されない ● リフォームが自由 ● ローンを返済すると後が楽	● ローンが長期間 ● 買い替えるのはたいへん ● 転勤があると困る ● 大地震が心配 ● だんだん古くなる
賃貸	● ローンを組まなくてよい ● 引っ越しが容易 ● 家族構成に合わせて引っ越せる ● 大地震でもローンが残らない ● 転勤があっても身軽	● 永遠に家賃が発生する ● 不動産が残らない ● 見栄が張れない ● 大家の都合で追い出される ● リフォームができない

　持ち家と賃貸で、「＋要因・－要因」の両面で評価してみましょう。持ち家の＋要因は、所有の喜び、愛着が持てる、契約更新が不要、リフォームが自由などがあげられます。持ち家の－要因は、ローンが長期間、買い替えるのはたいへん、転勤があると困るなどがあります。

　一方、賃貸の＋要因は、ローンを組まなくてよい、引っ越しが容易、家族構成に合わせて広い家に引っ越しできるなどがあげられます。賃貸の－要因は、永遠に家賃が発生する、不動産として資産が残らない、見栄が張れない、リフォームができないなどがあります。

「＋要因・－要因」の両面で評価した後、どちらにするかは意思決定の問題です。＋要因があれば、同時に－要因もあります。**両方の要因を評価したうえで、どちらかを決定したのであれば、自分自身が納得できるでしょう。**「こんなはずではなかった」という後悔を未然に防ぐことができます。

1章 頭を整理し、行動力を高めるフレームワーク

問題解決トレーニング　Let's try!
高速道路の無料化問題を検証するには

問題発生! 高速道路の無料化をどう考えるべきか

かつて、民主党政権で、高速道路の無料化をやるやらないの議論がありました。これは有料であった高速道路の通行料金を無料にするというものであり、民主党がマニフェスト（公約）の1つとして掲げていたものです。

結局は、2011年の3.11の大震災で、高速道路の無料化議論は立ち消えになってしまいました。近年の政治は、思いつきの対策をあげて、議論が立ち消えになることが多いようです。

高速道路の無料化問題について、どのように考えればよかったのでしょうか。

フレームワーク活用の手順

❶手段の前に目的を確認する

手段を考える前に、目的を確認することからはじめます。高速道路の無料化は施策（対策）ですから手段です。「目的は何か?」を問いかけます。民主党が考えた目的を、たとえば「国民の出費負担を軽減する」としてみましょう。

❷目的を達成するための手段を複数考える

「出費負担を軽減する」を目的として考えた場合、どのような手段が考えられるでしょうか？　電気、水道、ガスなどの公共料金負担の軽減、税金や電車運賃の負担軽減など多種多様です。

❸有望な案をメリット・デメリットで比較する

高速道路の無料化だけでなく、公共料金負担の軽減、税金や電車運賃などの負担の軽減などについて、「＋要因・－要因」の両面で評価します。もっとやるべき施策があるのではないでしょうか。

「＋要因・－要因」でバランスのよい評価をする

解決のコツ 他にもっと役に立つ案を考える

　高速道路の無料化の「＋要因・－要因」ですが、＋要因については、車での旅行客が増える、休日のレジャーが活性化する、観光地の産業活性化が期待できるというメリットが考えられます。

　－要因については、一部の国民にしか恩恵がない、電車の旅行客が減る、高速道路が渋滞する、業務用トラックが遅延する、高速道路の税金負担が増えるなどがあげられます。また環境面では、渋滞でガソリンが大量消費される、排出ガスで二酸化炭素が増えるなど悪い面が多くあげられます。

　一部の国民にしか恩恵がないうえ、メリットが少ないことを考えると、目的に戻ってもっと効果が高い政策を考えるべきではないでしょうか。
「国民の出費負担を軽減する」という目的で考えれば、高速道路の無料化だけでなく、公共料金負担の軽減、税金や電車運賃などの負担軽減などもあります。しかしその一方で、赤字国債を大量発行している日本政府において、「国民の出費負担を軽減する」という目的自体の見直しも必要といえそうです。

高速道路無料化をメリットとデメリットから考える

＋要因（メリット）	－要因（デメリット）
●車での旅行客が増える ●休日のレジャーが活性化する ●観光地の産業活性化が期待できる	●一部の国民にしか恩恵がない ●電車の旅行客が減る ●高速道路が渋滞する ●業務用トラックが遅延する ●渋滞でガソリンが大量消費される ●排出ガスで二酸化炭素が増える ●高速道路の税金負担が増える

↓

**高速道路無料化のメリットが少ない
目的に戻ってもっと効果が高い政策を考えるべきではないか**

4 「質・量」(定性評価・定量評価)で意思決定をバランスよくおこなう

物事を「質・量」の両面で評価するとバランスよく評価できる。評価方法においては、「定性評価・定量評価」がそれにあたるが、一般的に定量評価だけしか行わないで意思決定する企業が多いようである。

質・量とは 「質」と「量」で総合的に判断

「質・量」の両面で評価することで、評価のモレを防ぐことができます。**メーカーで考えれば、「質」は品質、「量」は販売量や売上高です。**よい品質の製品を作らなければ売れません。しかし、品質がよくても、販売量が増えなければ、その製品が成功したとはいえないでしょう。

強引に量を増やそうとすると、「質」の低下が発生することがあります。たとえば、量が多すぎて品質検査が不十分になることもあります。

ポイント 重要な決定の判断材料となる便利な方法

「質・量」の両面で評価するときに便利なのが、「定性評価・定量評価」です。**定性評価とは、数値換算できない評価法**です。感覚的なもの、数値に直結しないものです。**定量評価とは、数値換算できる評価法**です。金額(売上、費用など)、数量(人数、個数など)の、数値に直結するものをいいます。

重要な決定をしたいとき、「定性評価・定量評価」の両面で評価することで、評価モレを防ぐことができます。

現実には定量評価しかしない企業が多いようです。しかし、いくら定量評価が高くても、定性評価が悪ければ、さまざまな問題が発生します。たとえば、品質が安定しないために、トラブル多発で追加コストが発生し、納期が遅れるかもしれません。定性評価が悪ければ、定量評価通りいかないケースが増えるのです。

アドバイス モレのない評価でビジネスの死角を発見できる

「質・量」の両面で評価することで、**死角を発見**できます。いくら高品質(質)の製品を作っても、大量(量)に販売できなければ利益は出ません。また、製品が高品質(質)すぎて、製造コスト(量)が高すぎる場合も利益は出ません。

正しい意思決定を行うために、「質・量」の両面で評価する

【定量評価】
数値換算できる評価法
- 金額
- 数量

【定性評価】
数値換算できない評価法
- 感覚的なもの
- 数値に直結しないもの

【定量評価の例】

項目	A案	B案	C案
販売(予想)	24万個	15万個	20万個
単価	1,900円	2,800円	2,200円
コスト/個	1,000円	1,600円	1,200円
収益	2.16億円	1.80億円	2.00億円

【定性評価の例】

定性評価項目	A案	B案	C案
・ブランド力強化	△	◎	○
・価格満足度	◎	△	○
・他社への優位性	◎	○	△
・顧客満足度	○	◎	○
・マスコミ性	○	○	△

　またビジネスが成功すると、量の拡大がはじまります。量が拡大すると、いままでと異なる顧客層に販売されるようになります。たとえば、若者層に人気が出て携帯電話が売れるようになると、中高年が携帯電話を買うようになります。

　若者向けの仕様では、多機能で文字が細かすぎて、中高年が使いにくいと感じるかもしれません。つまり、中高年にとっては、質の低下になっています。したがって、量が拡大したら、質が低下していないか、顧客から求められている質が変化していないかを問いかける必要があります。

「質・量」の両面で総合評価をすることが、長期的にビジネスを拡大していくために不可欠です。

問題解決トレーニング　Let's try!
「お金優先」の経営判断を評価するには

問題発生！　すべてお金でしか判断しない経営者の失敗

カネナイ製薬は、すべてにおいてお金優先です。お金優先といっても、安ければいいという話ではありません。投資対効果をきちんと判断して、投資額と収益をきちんと評価して判断します。

昨年、米国企業のカネザル製薬の買収を意思決定しました。投資対効果をきちんと判断して、買収はメリットが大きいという評価結果が得られました。買収は大成功のはずでした。

しかし買収して2ヶ月経って、大きな問題が発生しました。医薬品の品質不良問題、医療機関とのトラブル、患者の集団訴訟問題と、問題が噴出するのです。「誰だ、こんな不良会社を見つけてきたのは！」と社長の怒りは頂点に達しています。さて、何が悪かったのでしょうか。

フレームワーク活用の手順

❶代替案（解決策の候補）を考える

まず、目的を確認します。今回の目的は「カネザル製薬の買収の判断」とします。次に、代替案（解決策の候補）を考えます。A案を買収する、B案を資本参加する、C案を買収しないとします。

❷定量評価と定性評価の評価指標を列挙する

代替案を評価するための定量評価と定性評価の評価指標を列挙します。その中から重要な評価指標を絞り込みます。定量評価と定性評価の両方の評価指標を決めます。

❸定量評価と定性評価を実施する

定量評価と定性評価の両方を実施します。定量評価は、投資対効果を数値で分析します。定性評価は、企業の信用力、特許価値、品質管理力、企業風土、社員の質など、数値換算が難しいものを評価します。

解決のコツ 定量評価と定性評価の両面から評価しているか

　定量評価と定性評価の両面で評価することが不可欠です。カネナイ製薬の場合、定量評価は正しかったのかもしれません。定量評価では、今後の売上利益予想、資産額の評価、負債額の評価などを行います。しかし、定性評価がまったく欠落した状態で意思決定をしていました。

　買収予定企業のカネザル製薬の定性評価として、企業の信用力、特許価値、品質管理力、生産設備の性能や劣化状況、改善力、企業風土、社員の質、取引先への影響力など、数値換算が難しいものも評価すべきでした。

　買収後、医薬品の品質不良問題、医療機関とのトラブル、患者の集団訴訟問題と、問題が噴出しています。しかしこれらは買収前にすでに発生しており、それを隠したまま買収話が進められた可能性もあります。買収元のカネナイ製薬が十分調査しなかったからだと言われれば、反論の余地がありません。カネナイ製薬の定性評価不足です。

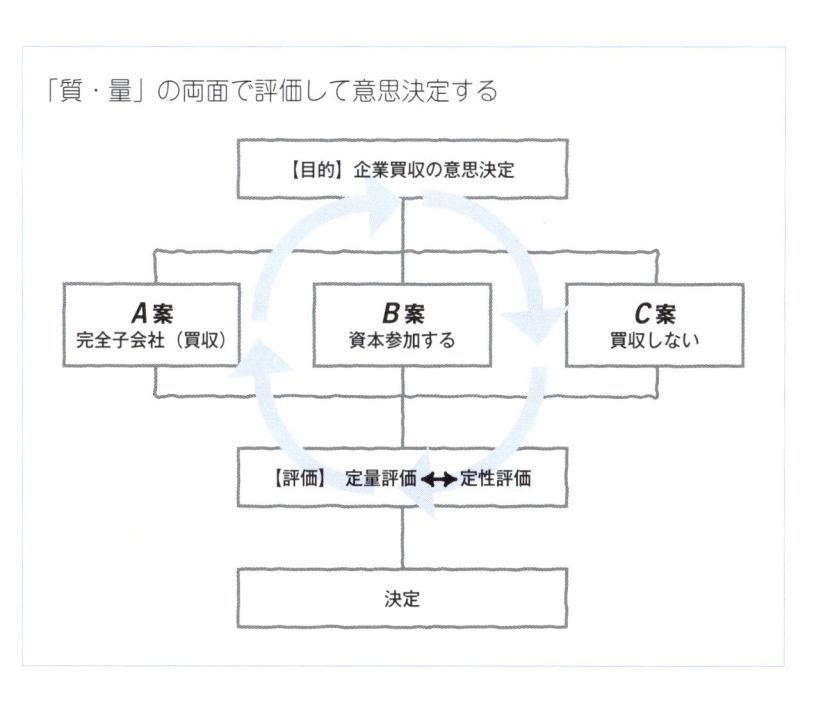

「質・量」の両面で評価して意思決定する

【目的】企業買収の意思決定

- **A案** 完全子会社（買収）
- **B案** 資本参加する
- **C案** 買収しない

【評価】定量評価 ⇔ 定性評価

決定

5 「ハード・ソフト」で ビジネスチャンスを見つける

「ハード・ソフト」の両面に目を向けて新しいビジネスチャンスを見出すことが効果的だ。ソフトの売上の比重が上昇中の今日、ソフトの重要性が高まっている。

ハード・ソフトとは ビジネスの可能性を広げるフレームワーク

ハードが商品（製品）などを指すのに対して、ソフトはサービスなどの無形の価値を意味します。「ハード・ソフト」の両面を考えることで、ビジネスの可能性を広げる視点が生まれます。**ソフトは、広くとらえることがコツです**。ソフトウェアだけでなく、サービス売上、メンテナンス売上、一括売りでなくリース売上、消耗品売上の可能性についても考えるべきです。

また広告の方法は、紙媒体からデジタル媒体の可能性までを探ります。販売方式もハード的発想の店舗販売からソフト的発想の無店舗販売の可能性までを考えるのも一案です。

ポイント ソフト面でのビジネスチャンスを探索する

ゼロックスが成功したビジネスモデルは、コピー機のハードを販売するのではなく、使用したコピー枚数に対するサービス売上を回収する方法です。コピー機のハードを売るためには、1台数百万円の購入費用が顧客の負担になります。これでは、コピー機を買ってくれません。

そこで、顧客の負担を減らすため、**コピー機をゼロ円にして、使用したコピー枚数で売上を回収**しました。コピー機があれば便利ですから、1枚10円ならと、急速に普及したのです。

近年、無料ゲームなどの「ゼロ円ビジネス」が有名ですが、ゼロックスがゼロ円ビジネスの先駆けといっても過言ではありません。自社のビジネスの可能性を「ハード・ソフト」の両面で考えてみましょう。

アドバイス 商品とサービスのワンセットで考える

「ハード・ソフト」の両面で考えるということは、**商品とサービスのワンセット**

ハードだけでなくソフトも含めて、ビジネスを設計する

ソフト
- リース
- サービス（形がない商品）
- 情報サービス
- 運用サービス
- メンテナンス
- 利用料金
- 周辺機器
- 通信料金
- 付属品
- ソフトウェア
- 消耗品

ハード（本体・ハードウェア）

- ハードウェアの売り切りだけでは、売上拡大が難しい時代
- 携帯電話の通信料、プリンターのインクカートリッジのビジネスモデルに学ぶ

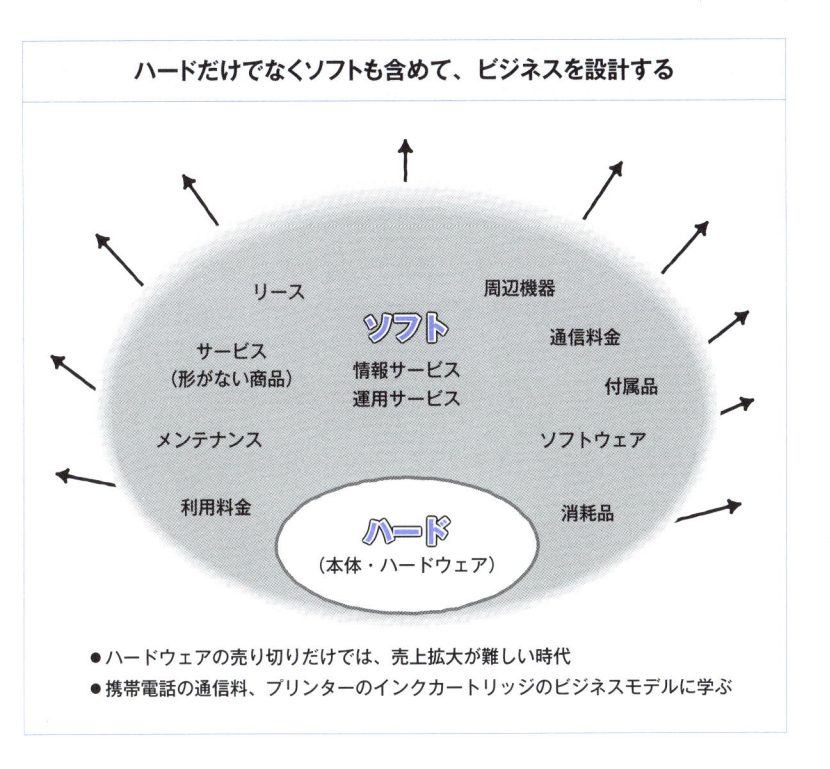

で考えることです。サービスとは、形がない商品です。交通機関、宿泊などは、サービスです。

テレビやエアコンなどの高機能化は、デジタル家電によって可能になっています。デジタル家電は、ソフトウェアの果たす役割が大きくなっています。

メンテナンス売上で有名なのが、エレベーターの定期点検です。メンテナンス会社では、エレベーターだけでなく、「ビル一棟を丸ごとメンテナンス」するビジネスモデルを開発しています。ビル1棟のセキュリティ、清掃作業、エレベーターや空調機器の設備メンテナンスなど、ビル一棟のサービスを丸ごと受注するのです。

レンタル会社では、ハードを単体で一括売りするのでなく、リース契約で月額の使用料を分割払いしてもらいます。また、カラープリンターは、ハードを格安に販売して、消耗品のインクカートリッジで儲けるビジネスモデルです。

1章 頭を整理し、行動力を高めるフレームワーク

問題解決トレーニング　　　　　　　　Let's try!
医療機器メーカーのビジネスに新展開は

問題発生! ハードウェアしか考えない医療機器メーカー

イケナイ医療株式会社では、新製品開発に力を入れています。たとえば、画像診断できるＭＲＩ（核磁気共鳴画像法）は、２年に一度、性能を大幅アップさせる目標を掲げてやってきました。しかし、いくら高機能製品を作っても、ほとんど売れないのです。

というのも、大病院ではすでにＭＲＩが導入済みで、新しい設備を置く場所がないというのです。イケナイ医療の営業としては、高性能を売りに営業するのですが、うまくいきません。

一方、中小病院では、設備が１億円を軽く超える高額機械のため、導入したくても導入できません。開発スタッフは、「こんなにいい製品を作っているのに何で営業は売る気がないんだ」と訴え、社内は険悪な雰囲気です。

フレームワーク活用の手順

❶販売状況、顧客の状況を現状分析する

販売状況、顧客の状況の現状分析をします。高性能の新製品を発売するものの、販売状況は頭打ちです。大病院では普及率が高く、中小病院では導入が遅れています。

❷販売面と顧客側の問題点を明確化する

販売面と顧客側の問題点を明確化します。販売状況が頭打ちの理由としては、顧客である大病院は、普及率が高く新製品を発売しても導入できないこと、中小病院は、販売価格が高すぎて導入できないことです。

❸「ハード・ソフト」を組み合わせて対策を考える

「ハード・ソフト」を組み合わせて売上向上の対策を考えます。メカニカルな面を、ソフトウェアで代用し、さらに機能アップもソフトウェアを入れ替えるだけで可能にするなどの対策を考えます。

「ハード・ソフト」でビジネスチャンスを見つける

解決のコツ 「ハード・ソフト」のトータルでの利益向上を考える

「ハード・ソフト」のトータルで、自社と顧客の相互の利益向上を考えるべきでしょう。「ハード・ソフト」の融合案として、次の2つが有望と考えられます。

1つめは、ハードウェアはそのままで、ソフトウェアをバージョンアップする方式。MRIの設計思想を根本的に変更する大改革になります。これを導入すれば、ハードウェアの入れ替え工事は不要で、ソフトウェアを入れ替える作業だけで済みます。そしてバージョンアップには、高額の価格設定をします。それでも病院は、価格に見合う以上の高性能を手に入れられます。

2つめは、最新機種をリース方式にする方法です。中小病院で特に営業力が高まる方式です。ゼロックス方式で、毎月使用分のみを代金として回収します。

ソフトウェアをバージョンアップする方式と、最新機種のリース方式の2つを組み合わせて、新しい営業体制を作ります。

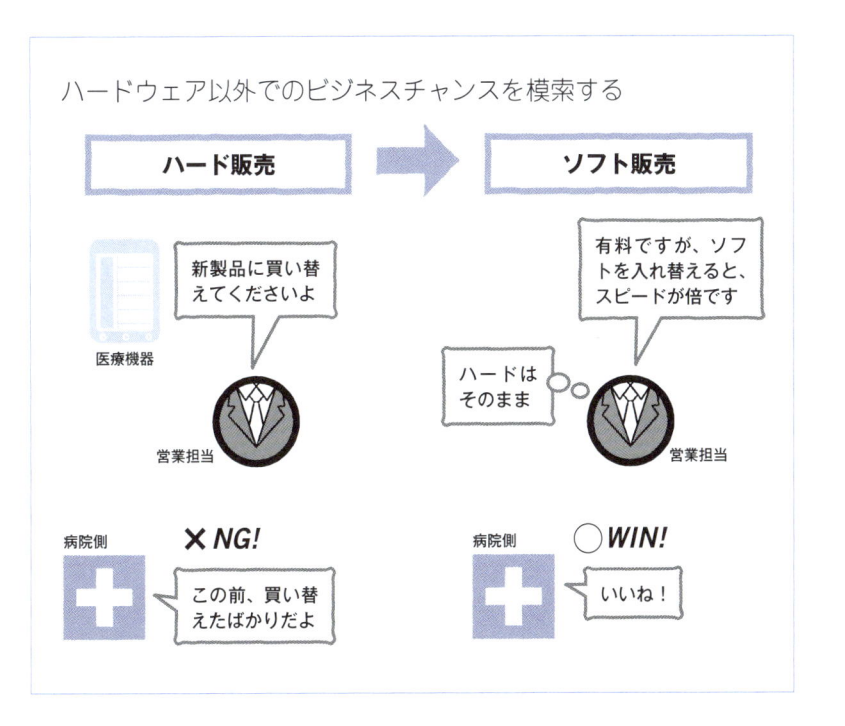

ハードウェア以外でのビジネスチャンスを模索する

ハード販売 → **ソフト販売**

医療機器
営業担当：「新製品に買い替えてくださいよ」

営業担当：「有料ですが、ソフトを入れ替えると、スピードが倍です」
（ハードはそのまま）

病院側 ×NG!
「この前、買い替えたばかりだよ」

病院側 ○WIN!
「いいね！」

6 「過去・現在・未来」の視点から、時系列で考える

「過去・現在・未来」の3つの視点で、時間軸でバランスよく把握する。過去にこだわりすぎてもダメ、現在のことを考えるだけで手一杯でもダメ、未来の視点が欠落するのもよくないという考え方だ。

過去・現在・未来とは 時系列で考えることで思考のモレが防げる

過去・現在・未来の順番に、時系列で考えることで思考のモレが防げます。仕事の進め方を、時系列で考えてみましょう。

新しい仕事の目的を確認したら、次に進め方を考えます。たとえば、現状分析をして情報収集したら、次に問題点を明確にします。そして、問題点を解決するための対策を考えます。役割分担を確認して、対策を実行します。

ポイント 未来に目を向けるとやるべきことが見えてくる

過去にこだわりすぎても、将来いい成果を出すことができません。過去にこだわる人は、「前例」「タブー」にこだわります。前例がないからダメ、過去に失敗したからダメと決めつけます。

わたしたちは、**過去や現在にとらわれすぎて、未来を考えることがおろそかになりがち**です。過去の業績不振を意識するあまり、今月の目標を達成することに全エネルギーを費やしたりします。

未来に目を向けると、他にもっと大切なことが見えてきます。たとえば、「3年以内に宅建主任の資格を取りたい」と思えば、「受験勉強しなければ」と考えます。いまの仕事をもっと効率化して、いかに勉強時間を捻出すべきかを考えるでしょう。

アドバイス 未来のために何を準備するか

時系列で考えることで、なぜ仕事のモレが防げるのでしょうか。たとえば、朝起きてから出勤するまでのことを考えてみてください。起きたら顔を洗う、着替える、ふとんを片づけるなど、手順を決めておくと、もの忘れ防止になります。順番を決めないで、1つ終わるごとに次に何をしようかと考えていると、うっか

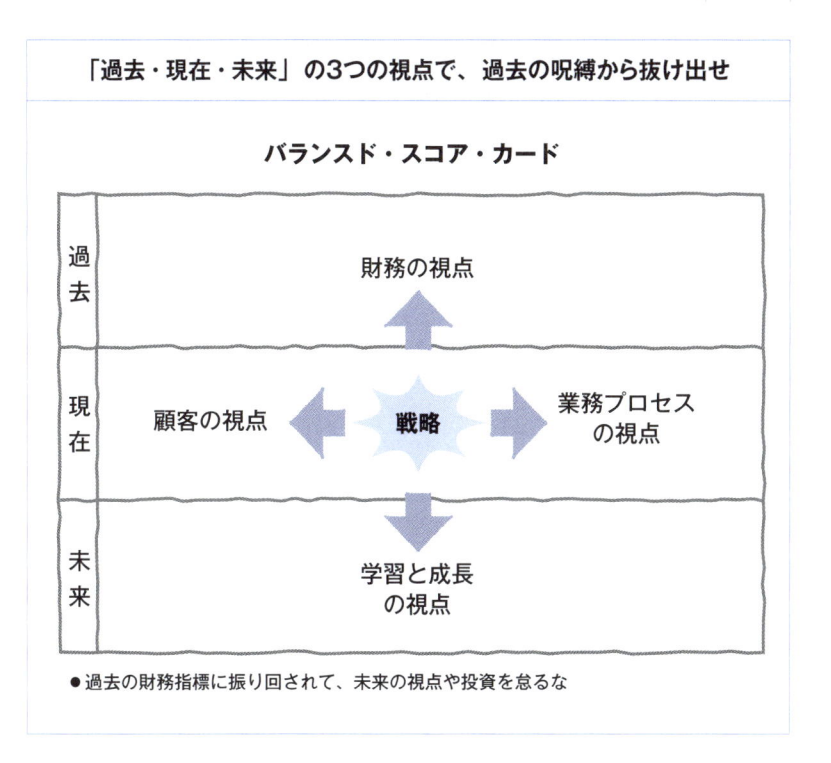

「過去・現在・未来」の3つの視点で、過去の呪縛から抜け出せ

バランスド・スコア・カード

過去	財務の視点
現在	顧客の視点 ← 戦略 → 業務プロセスの視点
未来	学習と成長の視点

● 過去の財務指標に振り回されて、未来の視点や投資を怠るな

り忘れが増えてしまいます。たとえば、ハンカチを持つのを忘れるとか、髪を整えるのを忘れたりします。

　また、「過去・現在・未来」の時系列で考えることで視野を広げ、未来のためにいま何を準備しておくべきかに気づくでしょう。

「過去・現在・未来」の時系列で企業を評価する手法に、**「バランスド・スコア・カード（BSC）」**があります。バランスは、「過去・現在・未来」のバランスをとること、スコア・カードは評価票です。

　BSCは、まず戦略が中心になります。そして、過去を「財務の視点」、現在を「顧客の視点」「業務プロセスの視点」でとらえます。そして未来は「学習と成長の視点」でとらえます。学習と成長の視点は、人材育成、研究開発や設備投資など、未来に成長する力を育む重要性を説いています。

問題解決トレーニング　Let's try!
お金を使いたくない新社長の投資戦略

問題発生！　人材育成に投資しない経営者の偏った視点

神奈川県にあるイマダ機械株式会社は、新社長に交代してから、3K（交通費、経費、研修費）削減活動によって、会社の経費管理が非常に厳しくなりました。たとえば、出張は基本的に禁止です。海外出張はダメ、国内出張は本部長の承認が必要になりました。

前社長の時代、大阪府にあるカコダ機械株式会社を買収しました。しかし新社長になってからは、大阪に出張できない状況です。

また新社長になってから、研修費は基本的にゼロになりました。社内研修の廃止、外部研修の受講禁止と、社内のモチベーションは急激に下がっています。何もしない社員はお金を使わないので有能だという始末です。

フレームワーク活用の手順

❶「過去・現在・未来」の視点分けで会社を把握する

バランスド・スコア・カードの視点で、「過去・現在・未来」に分けて会社の状況を把握します。過去は「財務の視点」、現在は「顧客の視点」「業務プロセスの視点」、未来は「学習と成長の視点」です。

❷現在と未来にも目を向ける

現在は、顧客満足度の向上、業務プロセスの改善など、現状を改善するために何をすべきかを考えます。未来は、会社が中長期的に経営資源を強化していくために何をすべきかを考えます。

❸未来のためにいまからやらなければならないことを考える

未来のためにいまからやらなければならないことは、経営資源（ヒト・モノ・カネ・情報）の強化です。人材育成、設備の生産性向上、資金調達力の強化、情報基盤やシステムの強化は、経営資源強化のための投資です。

「過去・現在・未来」の視点から、時系列で考える　6

解決のコツ　現在と未来に目を向けて先行投資する

　イマダ機械は、現在のお金のことしか考えていません。それも、今年の利益を捻出するために、出費を抑えることがすべての価値観になっています。

　お金について考えるなら、売上向上についても考える必要があります。また将来の生産性向上のために、工場設備の近代化も大切です。もっとやるべき重大事項があるにもかかわらず、現在しか考えていない偏った視点では、経営者として失格です。

　前社長が、大阪府にあるカコダ機械を買収したばかりですから、業務提携と将来の収益力を高めるため、出張は必要経費です。10円を出し惜しみして、将来の1000円のチャンスを見捨てるようでは前途多難です。

　未来の「学習と成長の視点」をいかに組み込んで先行投資していくかは、経営にとって重要な意思決定です。現在と未来のバランスが重要です。

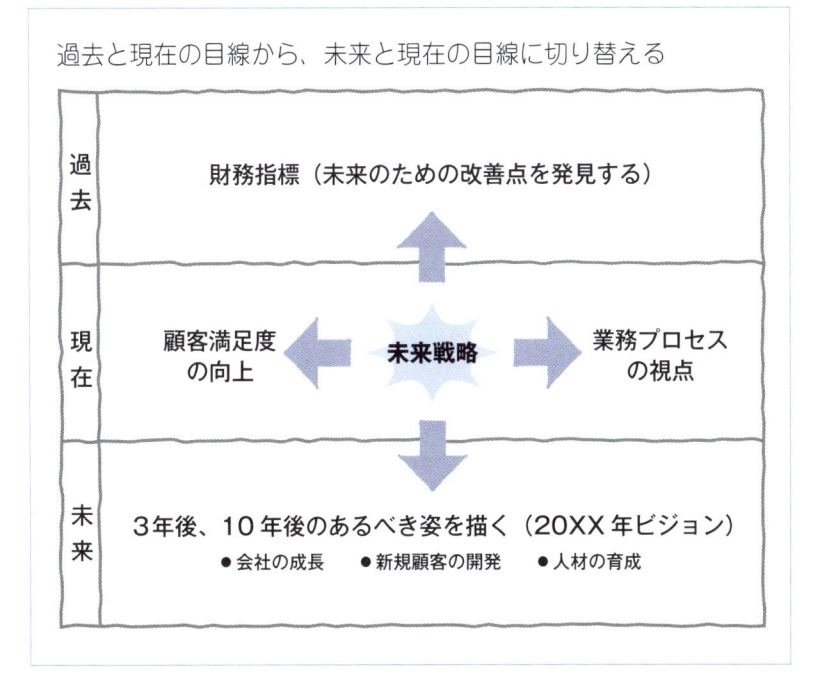

過去と現在の目線から、未来と現在の目線に切り替える

過去	財務指標（未来のための改善点を発見する）
現在	顧客満足度の向上　←　**未来戦略**　→　業務プロセスの視点
未来	3年後、10年後のあるべき姿を描く（20XX年ビジョン） ●会社の成長　●新規顧客の開発　●人材の育成

1章 頭を整理し、行動力を高めるフレームワーク

7 いち早く目標を達成する経営管理サイクル「PDCA」

経営管理サイクルとは、経営を円滑に進めるために必要な「PDCA」を回すこと。PDCAサイクルとは、P（Plan；計画）―D（Do；実行）―C（Check；評価）―A（Action；是正）である。

PDCAとは 目標達成を導く有名なフレームワーク

フレームワークとして、「P・D・C・A」の4つの要素を把握することが、経営管理の第一歩です。P（Plan；計画）、D（Do；実行）、C（Check；チェック、評価）、A（Action；アクション、是正）の4つの要素を順番に実施することで、**経営計画を確実に達成する基盤作り**ができます。

P（計画）があいまいなままD（実行）しても、実行段階での試行錯誤が増えて、実行が成果につながりません。また、実行後にC（チェック）をしなければ、よりよい方向にA（アクション）できません。

ポイント 「PDCA」は2つの要素で構成されている

「P・D・C・A」の経営管理サイクルは、目標を達成するために必須です。**Pは、要件定義と実行計画の2つで構成されます。**

要件定義は、この計画で何を実現したいのかを明確化する部分です。目的、目標、何をアウトプットするのか、達成後の姿などを明確化します。

実行計画は、具体的にどのような進め方をするのかという行動計画を明らかにするものです。作業計画、推進体制、役割分担、スケジュールなどを明確化します。

計画を立てたら、D（実行）に入ります。実行したら、毎週、毎月など、定期的に進捗状況をC（チェック）します。計画通りうまくいっていない場合は、A（アクション）を起こします。

アドバイス PDCAとPDSの違い

PDCAに似たフレームワークに、PDS（Plan – Do – See）があります。S（See）は、PDCAの、C（チェック）とA（アクション）をひとまとめに簡素化にしたものです。PDSは、改善サイクルと呼ばれています。

経営管理サイクルPDCAと改善サイクルPDS

PDCA
- P (Plan) 計画
- D (Do) 実行
- C (Check) チェック（評価）
- A (Action) アクション（是正）

経営管理サイクル

- 経営管理サイクル→組織運営
- 改善サイクル→業務遂行

PDS
- P (Plan) 計画
- D (Do) 実行
- S (See) 評価

改善サイクル

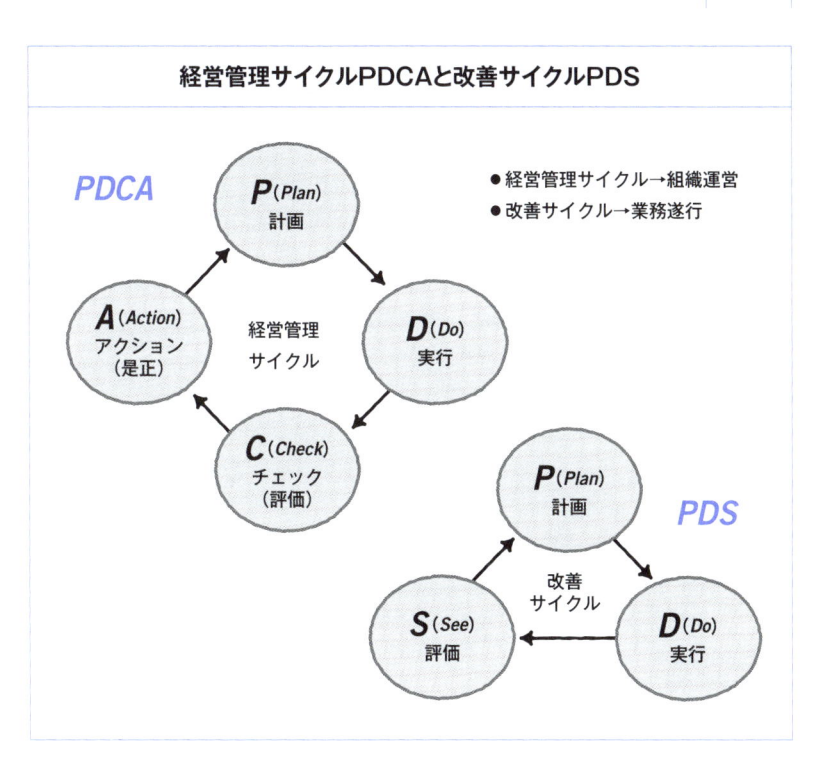

　経営管理サイクルであるＰＤＣＡは、会社などの組織への適用が効果的です。**一方、改善サイクルであるＰＤＳは、個人や少人数で仕事を進めるうえで効果的です。**

　上司から、「とりあえずやってみろ」と言われたことはないでしょうか？　こうした上司の下についた部下は災難です。「とりあえず」という意味は、Ｐ（計画）を立てないでもいいから、とりあえずＤ（実行）してみなさいという意味になります。つまり、計画なき実行を要請しているのと同じです。

「とりあえずやってみろ」が口癖の上司を持つ部下の多くは、「やってみたら、あれこれ文句を言われて修正の嵐になった」とか、「いつ終わるのか見えない」という状況になるのです。

　ＰＤＣＡとＰＤＳも、まずは計画から始まります。計画を立てたら実行する。実行したら、きちんと評価して是正しましょう。

1章　頭を整理し、行動力を高めるフレームワーク

問題解決トレーニング　　　　　　　　　　　　　　　　Let's try!
「達成可能な事業計画」を立てるには

問題発生！ 事業計画を立てても達成できないワンマン会社

丸岡商事では、毎年事業計画を立てているものの、ほとんど達成できたことはありません。期末になると社長が、「なぜ君たちは、売上目標が達成できないのか！」と叱責する、お決まりの風景が繰り返されます。

売上利益計画は、3ヶ月もかけて管理職全員参加で、事業本部、事業部や課まで、緻密に積み上げます。たとえば、繊維事業本部の売上目標は6000億円、アパレル事業部が2000億円、さらにカジュアル営業課は1000億円と、具体的に売上目標を決めています。

しかし、毎年売上目標が達成できていないのが実情です。この状況を打開すべく、何かいい手はないものでしょうか。ここ数年、期末になると社長の血圧が上がって、役員たちも社長の怒りに振り回されて、社内も落ち着きません。

フレームワーク活用の手順

❶計画が具体的かどうかを検証する（P）

まず、P（計画）の計画立案を行います。計画を立てても、計画が具体的でない場合があります。丸岡商事の場合、売上利益計画の数字だけが明確にされ、どのように実行するのかという実行計画がないのが問題です。

❷実行段階で計画と実績を比較して評価する（D・C）

売上利益計画は要件定義。そしてそれを、どのように実行するのかが実行計画です。実行計画をしっかり立てていれば、D（実行）後にC（チェック）が容易です。週次、月次、四半期、半期、期末でC（チェック）します。

❸計画通り実行できるようにアクションを起こす（A）

C（チェック）すると、P（計画）通りうまくいっていないことが具体的に明白になります。是正対策のためにA（アクション）を起こします。キャンペーンなどの追加対策を講じる必要があるでしょう。

いち早く目標を達成する経営管理サイクル「PDCA」

解決のコツ　週次、月次、四半期、半期、期末でPDCAを回す

　丸岡商事では、売上利益計画に加えて、販売促進のための重点施策、魅力ある新商品発売のための重点施策など、具体的な実行計画まで明確にすべきです。実行計画には、重点施策のスケジュールや担当者の明確化も含みます。

　PDCAは、通常P（計画）がスタート地点ですが、P（計画）立案には、ある程度過去の情報が必要です。そこで、P（計画）を立てるために、いままでのPDCAの、C（チェック）とA（アクション）の情報を用いると計画立案に役に立ちます。

　実行計画ができれば、何をいつまでにD（実行）すればいいのかが明らかになります。週次、月次、四半期、半期、期末など、定期的に進捗管理としてD（実行）をC（チェック）します。そして、問題があれば、思いきったA（アクション）を、全社一丸となって取り組むべきです。

　C（チェック）には、こまめなデータ支援も不可欠です。期末を締めれば結果がわかるという結果主義では、効果のあるA（アクション）は起こせません。

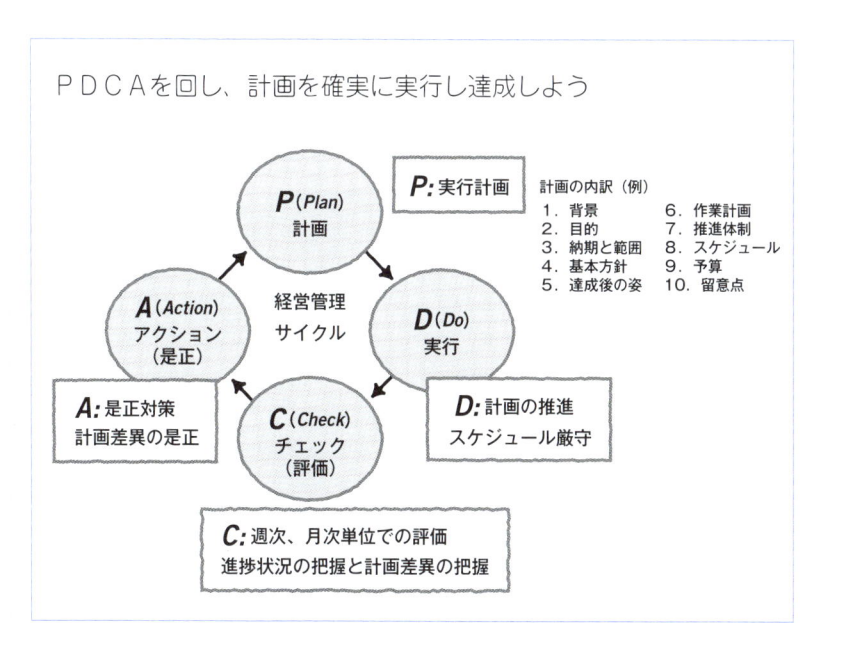

PDCAを回し、計画を確実に実行し達成しよう

P: 実行計画

計画の内訳（例）
1. 背景
2. 目的
3. 納期と範囲
4. 基本方針
5. 達成後の姿
6. 作業計画
7. 推進体制
8. スケジュール
9. 予算
10. 留意点

経営管理サイクル

P (Plan) 計画

D (Do) 実行
D: 計画の推進　スケジュール厳守

C (Check) チェック（評価）
C: 週次、月次単位での評価　進捗状況の把握と計画差異の把握

A (Action) アクション（是正）
A: 是正対策　計画差異の是正

COLUMN

ソフトで付加価値を高める通信教育

ハード（形がある商品）を売るだけでは儲からない時代です。ソフト（無形の商品）で付加価値を高めていく工夫は大切です。古くから、ハードとソフトの両面で付加価値を高めることを実践しているのが、通信教育で成功しているベネッセコーポレーションです。

ベネッセコーポレーションは、進研ゼミで有名です。進研ゼミのハードは、教材です。ただし教材だけだと、高い付加価値は付けられません。教材を書店で販売すれば、他の出版社と差別化できません。書店価格でいえば、おそらく定価は1冊1000円以下かもしれません。

そこで、ソフトの付加価値をつけます。進研ゼミのソフトの付加価値は、「赤ペン先生」です。赤ペン先生とは、テスト問題を郵送して、採点して返却してくれるサービスです。赤ペン先生をソフト（サービス）として加えることで、「個別指導」という付加価値になるのです。

すると保護者は、書店販売の価格ではなく、学習塾の価格を意識します。「学習塾に月何万円を払うくらいなら、子どもを進研ゼミで勉強させてみよう」と考えるので、「数千円でも安い」と感じるのです。

「赤ペン先生」は、リピートのしかけになっています。赤ペン先生に添削を送ることで、金のシールや銀のシールがもらえます。子どもたちは、シールを集めて景品に交換する楽しみが持てます。やはり、がんばるためのインセンティブ（動機づけ）は大切です。

赤ペン先生の採点の品質管理はとても重要です。ウワサによれば、赤ペン先生のＥＳ（従業員満足度）は極めて高いようです。赤ペン先生自体が、添削に対して高い働きがいを感じているとのこと。そのため、赤ペン先生を辞める人がいないので、採点の品質管理も容易になっています。

第 2 章

分析力を高める
フレームワーク

8 「SWOT分析」で社内外の状況を認識する

孫子曰く「彼を知り己を知れば百戦殆うからず」。「社内・社外」の双方を理解することは戦略立案の第一歩だ。SWOT分析で内と外の世界を理解すれば、解決の方法をより正しく考えることができる。

[SWOT分析とは] 共通認識に立って課題を議論するもとになる

会社、組織、チームなどで解決策を議論するとき、共通認識がなければ意見がまとまりません。たとえば、社内で問題意識が共有化できていないのに、業務改革が必要だといっても社内を説得できません。**問題点が共有化されてはじめて解決の必要性が認識できます。**SWOT分析をやるだけで、問題意識が共有化でき、何をすべきかの新しい経営課題の議論がはじめられます。

[ポイント] 戦略分析で将来の課題が明らかに

SWOT分析は、経営課題を議論する前にやっておきたい戦略分析です。SWOT分析は、関係者が集まって実施すれば、わずか1時間くらいでできます。最初にSWOT分析をやることで、出された経営課題が重要であるという納得度が得られます。

SWOT分析の対象は、全社（公共団体であれば組織）、部門、個人のいずれも可能です。まず分析の対象範囲を決めてください。1つの対象範囲に1枚作成します。個人を対象とした場合は、個人の育成課題を考えるための現状認識になります。将来の課題を議論する前にやっておきたい分析です。

[アドバイス] 強み、弱み、機会、脅威の4つの切り口で分析する

SWOT分析は、「外部・内部」のフレームワーク（P30）と、「＋要因・－要因」のフレームワーク（P34）を組み合わせた手法です。上下に「内部・外部」、左右に「＋要因・－要因」を配置します。

結果的に「強み・弱み・機会・脅威」＝「S・W・O・T」＝「Strengths・Weaknesses・Opportunities・Threats」の4つの切り口になります。SWOT分析は、2つのフレームワークを組み合わせているので、「S・W・O・T」の

社内外の状況を把握するSWOT分析 （例）家電メーカーの場合

	＋要因	－要因
内部（現在）	**強み(S)** (Strengths) ● 業界トップの省エネ技術 ● デジタル家電の高い技術 ● スーパーコンピューター技術 ● 小型化、軽量化技術 ● 世界的なブランド力 ● 高い品質管理力 ● 高度な液晶技術	**弱み(W)** (Weaknesses) ● 海外シェアが極めて低い ● セクショナリズムが強い ● M＆Aの効果が出ていない ● 在庫が多く、キャッシュフロー悪化 ● 社内の情報システムが使いづらい ● 高コスト体質 ● 不採算部門の増加
外部（3年先まで）	**機会(O)** (Opportunities) ● 未開拓市場が多い ● 省エネニーズの高まり ● 関税自由化の動向 ● アジア諸国の経済発展、生活向上 ● アジア諸国の産業基盤の充実 ● インターネットの情報ネットワーク ● 世界中からの部品調達が容易	**脅威(T)** (Threats) ● 円高ドル安 ● 中国企業の台頭 ● 電力不足、自然災害の脅威 ● 原油高、食料高、原料高 ● レアアースの奪い合い ● 中国バブルの懸念が増大 ● アラブ諸国の国内紛争の激化

4つの切り口はすでにモレ・ダブリのないミッシーになっています。

SWOT分析の「分析」とは何でしょうか。分析とは、分けて解析することです。つまり、「S・W・O・T」の4つの切り口に分けること自体が「分析」になっています。

SWOT分析の外部要因である機会と脅威については1つだけ注意点があります。それは、3年先までの予測を含めることです。 現在の機会と脅威しか把握しないのであれば、SWOT分析から導かれる経営課題は現在すでに顕在化した課題しか出てきません。今後必要になる課題を議論する目的のために作成します。

したがって、機会と脅威は3年先まで先読みして書いてください。たとえば、法規制の変化や世の中の動向などは、ある程度予測可能です。

2章 分析力を高めるフレームワーク

問題解決トレーニング　Let's try!
会議が紛糾する広告会社の経営課題とは

問題発生! 重点施策が決まらない広告会社のゆく末は…

イケナイ広告会社では、経営会議で中期計画を作成しようとしても意見がまとまりません。「ネット広告、テレビ通販広告にこれから力を入れていくべきです」と1人が発言すると、必ず反対者が出ます。「いままでやってきたことを否定するのですか」とか、「思いつきで話さないでほしい」とか、意見がまとまりません。

結局、経営会議はお互いを中傷して、役員同士の人間関係は最悪です。結局は、社長の強権発動で決定するのですが、社長もそろそろ疲れています。

フレームワーク活用の手順

❶SWOT分析で3年先までの変化を把握する

SWOT分析で3年先までの変化をミッシーで把握しましょう。まずSWOT分析で現状認識のコンセンサス（合意）をとるのです。機会と脅威は3年先まで先読みすることで、3年先までの課題を議論する土俵ができます。

❷課題（重点施策）の候補を列挙する

次に、課題（重点施策の候補）を列挙します。課題を考えるときのヒントは、「強みを活かし脅威を克服する」「機会を活かし、脅威を克服する」です。何をすべきか、課題を参加者で出すのです。

❸重点施策を絞り込み、実行計画を立案する

多く出された課題を重要度で評価します。少ない経営資源で成果が高い課題は何かを話し合います。多数決でもいいので、過半数をとった課題を、重点施策として決定すればいいのです。

解決のコツ SWOT分析を使って経営課題を整理する

経営会議でまず、1時間くらいかけてSWOT分析を実施します。社内の強みと弱みは、現時点の認識を出します。外部環境の変化を認識する機会と脅威は、

「SWOT分析」で社内外の状況を認識する 8

3年先までの予測を加えます。機会と脅威の予測は、精度は70%前後もあれば十分です。なお、「S・W・O・T」の項目数は、何項目でもかまいません。

SWOT分析ができたら、「強みを活かし、脅威を克服する」「機会を活かし、脅威を克服する」という視点で重点施策の候補を出し、最終的に優先順位を付けて、重点施策を決定します。

SWOT分析から経営課題を抽出する

- SWOT分析で、「強み」「弱み」「機会」「脅威」を分析した後、経営課題を抽出する

- テレビ広告事業のさらなる強化
- 財務基盤を強みにした新規事業の開発

- インターネット、アフィリエイト広告の強化
- 低コスト体質のための経営改革

↑ **強みを活かし、弱みを克服する** ↑

強み(S) (Strengths)	弱み(W) (Weaknesses)
● テレビ広告が強い ● 敏腕プロデューサーが多い ● 芸能人や有名人への幅広い人脈 ● 多様なコンテンツを保有している ● 財務基盤が強い	● インターネット広告が弱い ● アフィリエイトマーケティングが弱い ● 交通（電車・バス）広告が弱い ● チラシ広告が弱い ● 高コスト体質
機会(O) (Opportunities)	脅威(T) (Threats)
● インターネットの普及 ● インターネットテレビ、ラジオの登場 ● デジタル画像処理技術の向上 ● クラウドによるITのさらなる向上 ● 海外の広告需要の増大	● 若者のテレビ離れ ● 広告媒体の多様化（ネット、アフィリエイト） ● 広告料金のデフレ（BS放送含む） ● ネット販売の増加、楽天の売上好調 ● 景気低迷と広告主の業績悪化

↓ **機会を活かし、脅威を克服する** ↓

- デジタル画像を使った広告制作の強化
- 広告における海外市場の開拓

- 広告と物品販売の融合番組の増加
- 広告制作費の低コスト実現

9 「PEST分析」で大きな視点から環境を分析する

PEST分析とは、マクロ(大きな視点)な外部環境を分析するためのフレームワーク。4つの切り口からマクロな変動要因を把握していこう。

PEST分析とは 外部環境分析をモレ・ダブリなくミッシーで把握できる

機会と脅威は、外部環境を分析しています。経営戦略のとらえ方では、**外部環境は、マクロ環境、顧客(含む市場)、競合の3つで成り立っている**と定義されています。

つまり、外部環境分析のミッシーにするためには、「外部環境分析=マクロ環境分析+顧客分析+競合分析」に要素分解します。今回は、マクロ環境分析についてさらに詳しく考えます。

ポイント SWOT分析にマクロ環境分析を追加する手法

SWOT分析は、企業や組織を取り巻く社内外の認識をするための手法です。マクロ環境分析は、SWOT分析の機会と脅威である外部環境を把握するための視点です。

SWOT分析だけでも十分ですが、もっと深く分析したい場合、マクロ環境分析を追加します。**SWOT分析に付加的に実施すれば、機会と脅威の見落としが減ります。**

アドバイス 「P・E・S・T」がマクロ環境分析の切り口

マクロ環境分析は、PEST分析とも呼ばれています。PEST分析は、マクロな外部環境を分析するためのフレームワークです。**PEST分析は、「P・E・S・T」の4つの切り口を名称**にしています。マクロな変動要因(政治、経済、社会、技術)を把握する視点です。

1つめのPは、政治(Politics)です。

法律改正、政権交代、外交などの視点で3年先までの機会と脅威を分析します。

2つめのEは、経済(Economics)です。

マクロ環境を分析する「PEST分析」

- PEST分析とは、マクロな外部環境を分析するためのフレームワーク
- PESTは、マクロな変動要因（政治、経済、社会、技術）を把握する視点

P ◆ 政治（Politics）

法律改正、政権交代、外交など

E ◆ 経済（Economics）

景気動向、インフレ・デフレ、GNP成長率、日銀短観、失業率、鉱工業指数など

S ◆ 社会（Society）

文化の変遷、人口動態、教育、犯罪、世間の関心など

T ◆ 技術（Technology）

新技術の完成、新しい技術への投資など

　景気動向、インフレ・デフレ、GNP成長率、日銀短観、失業率、鉱工業指数などの視点で3年先までの機会と脅威を分析します。
　3つめのSは、社会（Society）です。
　文化の変遷、人口動態、教育、犯罪、世間の関心などの視点で3年先までの機会と脅威を分析します。
　4つめは、技術（Technology）です。
　新技術の完成、新しい技術への投資などの視点で3年先までの機会と脅威を分析します。
　マクロ環境分析をするとき、「P・E・S・T」の4つの切り口を思い出してください。欠落した視点に気づくのでとても役に立ちます。

2章　分析力を高めるフレームワーク

問題解決トレーニング　　　　　　　　　　　　　　　　　　Let's try!
打つ手が遅い経営を改善するには

問題発生!　競合他社にいつも出し抜かれる経営者

　オクレ通信は、二番手商法（いつも競合に出遅れる後発型商売）でいつも競合に後れをとっています。実際のところは、二番というよりも、最後にやっと参入といったところです。「何で競合は、新しい手をどんどん打ってくるんだ？」という驚きと戸惑いが、オクレ通信の悩みの種です。

　経営会議での社長の口癖は、「君たちも何か新しい施策を出せ」です。しかし意見を出したところで、「そんなことやってもダメだろう」と、社長は決まって頭ごなしに否定します。

　そうして結局は、競合が先手を打って成功を見極めてから後発参入します。しかし近年では、後発参入ではすでに市場を先駆企業が専有しているため、いつまでたっても業界最下位から抜け出せません。

フレームワーク活用の手順

❶3年先までを予測したPEST分析をする

　3年先までを予測したPEST分析をします。「P・E・S・T」の4つの切り口で、「機会・脅威」に分けて分析します。欧米の動向を事前に調べておけば、予測のヒントが得られます。

❷新しい外部環境の変化に着目する

　いま起きていなくても、これから起きると思われる新しい外部環境の変化に着目します。通信のようなグローバル業界では、特に欧米の動向がヒントになります。大胆に予測してください。

❸経営課題を抽出して重点施策を決める

　PEST分析ができたら、経営課題の候補を抽出して、優先順位を付けます。チャンスを先取り、脅威を早めに克服するために必要な重点施策を見つけ、事業戦略に組み込みます。

解決のコツ　PEST分析で新しく取り組むべき経営課題を発見する

　PEST分析でマクロ環境を把握すると、SWOT分析では気がつかなかった外部環境の変化を見つけ出すことが可能です。

　1つめのPは、政治（Politics）です。機会として新しい周波数帯の規制緩和、脅威として電力使用規制による悪影響などがあげられます。

　2つめのEは、経済（Economics）。機会として海外通信市場の拡大、アジア諸国に富裕層が増加、脅威としてレアメタルの中国独占、円高ドル高など。

　3つめのSは、社会（Society）です。機会としてアンドロイド携帯電話の普及、安全・安心のニーズ増大、脅威として就職難民の増加、環境保護の厳しい世論などがあげられます。

　4つめのTは、技術（Technology）です。機会としてクラウドによる大容量化、IT技術のさらなる進化、脅威として新しいセキュリティ技術の要請、サイバーテロの脅威増大などがあげられます。

自社を取り巻くマクロ環境をPEST分析

- 規制緩和、アジア諸国の経済発展、アンドロイド携帯、クラウドなど、変化をチャンスにつなげることが大切

	機会（＋要因）	脅威（－要因）
政治 (Politics)	●新しい周波数帯の規制緩和 ●国内外での規制緩和の加速 ●産業育成支援制度の強化	●電力使用規制による悪影響 ●弱腰外交 ●政権不安定
経済 (Economics)	●海外通信市場の拡大 ●アジア諸国に富裕層が増加 ●日本経済の底力	●大震災の影響による景気低迷 ●レアメタルの中国独占 ●円高ドル高、韓国ウォン安
社会 (Society)	●アンドロイド携帯電話の普及 ●少子高齢化 ●安全・安心のニーズ増大	●原子力発電事故による社会不安 ●就職難民の増加 ●環境保護、省エネへの厳しい世論
技術 (Technology)	●インターネットの大容量化 ●クラウドによる大容量化 ●IT技術の更なる進化	●新しいセキュリティ技術の要請 ●サイバーテロの脅威増大 ●停電リスクによる技術開発の障害

10 「5フォース分析」で「競争」の視点から環境を認識する

外部環境を「競争」の視点からとらえたフレームワークが5フォース分析だ。競争は同業者間の敵対関係だけではなく、5つの競争要因が存在する。

5フォース分析とは 競争の死角を発見できる

5フォースで自社を取り巻く外部環境を分析することで、競争の死角が発見できます。**5フォースは、5つの競争要因を定義したフレームワーク**です。「同業者間の敵対関係」「新規参入者による脅威」「買い手（顧客）の脅威」「供給業者（売り手）の脅威」「代替品（代替製品・代替サービス）の脅威」があります。業者間の敵対関係だけを見ていたのでは、間違った戦略を立ててしまいます。

ポイント 競争力を高める戦略を策定するための分析

5フォース分析は、経営戦略（事業戦略）を策定するために役立つ手法です。競争力を高める戦略を策定するためには、まず自社を取り巻く競争要因を把握する必要があります。

5つの競争要因を分析したら、次に自社にインパクトが強い競争要因を2～3個選びます。たとえば、「買い手の脅威」「新規参入者による脅威」が自社にとって無視できない重要な競争要因だと優先順位を付けます。

重要な競争要因に対して、いかに競争環境を緩和できるか、施策を考えます。たとえば、ブランド力を高めてリピート顧客を増やすのは、買い手の脅威を軽減させるための施策です。

アドバイス 企業は5つの競争にさらされている

5フォースは、M．E．ポーター博士が提唱している競争のフレームワークです。競争戦略の巨匠であるポーター博士は、「競争からは逃れられない。企業は競争を緩和するための独自の戦略を築くべきだ」と提言しています。

5フォースでは、4つのプレイヤーとして、「同業者」「新規参入者」「買い手（顧客）」「供給業者（売り手）」と、「代替品（代替製品・代替サービス含む）」の

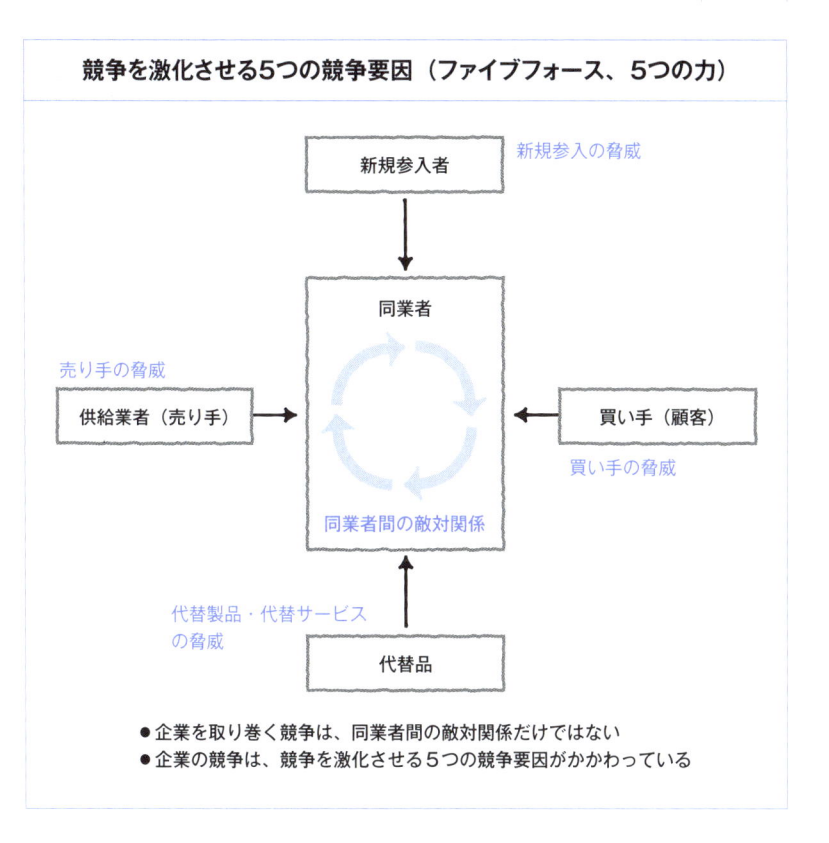

競争を激化させる5つの競争要因（ファイブフォース、5つの力）

```
                  新規参入者          新規参入の脅威
                      ↓
                   同業者
  売り手の脅威
供給業者（売り手） →  同業者間の敵対関係  ← 買い手（顧客）
                                          買い手の脅威
代替製品・代替サービス
の脅威                ↑
                   代替品
```

- 企業を取り巻く競争は、同業者間の敵対関係だけではない
- 企業の競争は、競争を激化させる5つの競争要因がかかわっている

合わせて5つを競争要因として把握すべきだと提唱しています。

1つめは、「同業者間の敵対関係」です。しかし、競争相手は、同業者間だけではありません。2つめは、「新規参入者による脅威」です。ベンチャー企業や海外企業の参入は脅威です。

3つめは、「買い手の脅威」です。大口の買い手の場合、大量仕入れが可能なので値引き要請圧力をかけてきます。4つめは、「供給業者の脅威」です。中国はレアメタルの90％以上を産出しています。レアメタルの輸出規制により、売り手は買い手に対して高価格での交渉を可能にしています。5つめは、「代替品（代替製品・代替サービス）の脅威」です。いまの製品よりも、低価格で高品質な代替品が登場すれば、既存製品の脅威となります。

2章 分析力を高めるフレームワーク

問題解決トレーニング　Let's try!
家電メーカーの競争力を高めるには

問題発生! 同業他社の競争に必死の家電メーカー

トシマ電気は、国内有数の家電メーカーです。同業他社との競争にさらされ、厳しい価格競争と高品質競争が経営を圧迫しています。要するに、貧乏ヒマなしというところです。
「このままではダメだ。もっと気合を入れて仕事に取り組め。競争に勝て!」と社長は激怒しています。しかし、サボっているわけでもなく、いくら努力しても貧乏ヒマなしです。

トシマ電気の家電製品の国内シェアは20%です。売上の大半は白物家電です。経常利益はマイナス5%前後で推移しています。シェアは確保しつつも、量販店の値引き要請によって安値売りが慢性化しています。さて、貧乏ヒマなしから抜け出したいのですが…。

フレームワーク活用の手順

❶ 5フォース分析をする

これまでは同業他社との競争を高めるために、量販店に卸値を下げて、薄利多売を狙ってやってきました。しかし競争相手を、同業他社しか認識していないのが問題です。まずは5フォースに何があるかを分析します。

❷ 重要な競争要因を2〜3個に絞り込む

5フォース分析をしたら、重要な競争要因を2〜3個に絞り込みます。たとえば、同業他社、買い手(顧客)の2つに絞り込むとします。買い手の交渉力も競争要因として認識すべきです。

❸ 競争要因を克服するための施策を立案する

重要な競争要因を克服するための施策を立案します。同業他社との競争力を高め、同時に買い手(顧客)の交渉力を緩和させる施策が必要です。買い手とは、利益の奪い合い競争が起きているのです。

「5フォース分析」で「競争」の視点から環境を認識する

解決のコツ 重要な5フォースの競争力を高める

5フォースの1つめとして、いままで明け暮れていた「同業者間の敵対関係」を認識します。2つめは、「新規参入者による脅威」です。白物家電は、韓国のサムスンやLGの外国勢が脅威です。3つめの「買い手(顧客)の脅威」は、量販店、ネット販売業者、エンドユーザーの値引き交渉が脅威です。

4つめの「供給業者(売り手)の脅威」は、中国のレアメタル輸出規制です。また、特殊半導体の品薄状態は、部品の値上げ要請になっています。5つめの「代替品(代替製品・代替サービス)の脅威」は、省エネブームで、エアコンの買い替えを手控えて、格安の扇風機やうちわへ需要が移っています。

5フォース分析をしたら、重要な競争要因を2～3個に絞り込みます。たとえば、同業他社、買い手(顧客)の2つに絞り込むとします。そして、重要な競争要因を克服するための施策を立案します。同業他社とは、業務提携して、共同開発、共同生産を図るのも一案です。買い手とは、利益の奪い合い競争が起きています。ブランド力を高めて、高くても買いたいという買い手を増やすべきです。

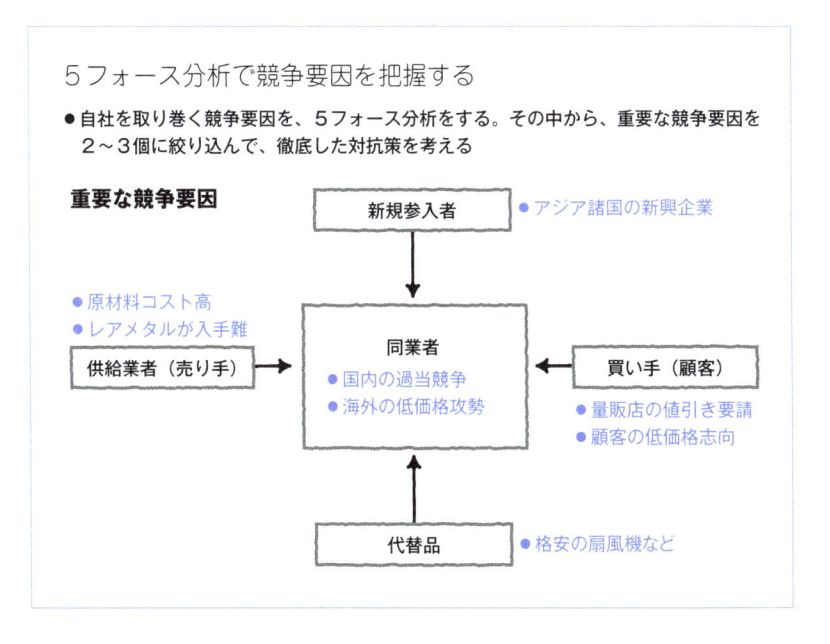

5フォース分析で競争要因を把握する

- 自社を取り巻く競争要因を、5フォース分析をする。その中から、重要な競争要因を2～3個に絞り込んで、徹底した対抗策を考える

重要な競争要因

- 新規参入者 ● アジア諸国の新興企業
- 供給業者(売り手)
  - 原材料コスト高
  - レアメタルが入手難
- 同業者
  - 国内の過当競争
  - 海外の低価格攻勢
- 買い手(顧客)
  - 量販店の値引き要請
  - 顧客の低価格志向
- 代替品 ● 格安の扇風機など

11 「マーケティングの4C」により顧客の視点で分析する

マーケティングの4Pは有名だが、4Cもある。4Cは、顧客価値（顧客から見た価値）視点である。顧客にとっての価値、顧客の負担、入手の容易性、コミュニケーションの4つだ。

マーケティングの4Cとは 顧客の視点でマーケティングを考える指標

顧客の視点でマーケティングを考えることは極めて重要です。顧客が求める価値を定義したものが4Cです。

Cは、次の頭文字をとっています。**顧客にとっての価値（Customer value）、顧客の負担（Cost to the Customer）、入手の容易性（Convenience）、コミュニケーション（Communication）**です。顧客はこの4つの価値のどれか1つ以上を求めています。4Cを提供できなければビジネスは成り立ちません。

ポイント 4Cのどれに貢献するのか

顧客価値（顧客から見た価値）を高めるために、**4Cのどれが充足できているか、どのCを強化すれば、競争力やブランド力が高まるか**を考えます。

たとえばコンビニは、入手の容易性（Convenience）の顧客価値を高めています。24時間営業、消費者に近い立地が魅力となって、コンビニ業界はスーパーマーケットとの差別化で成長してきました。

ドラッグストアのマツモトキヨシの社訓の1つに「店舗は立地」があります。店舗の価値は立地にあるというメッセージです。4Cのうち、すべての顧客価値を高めることはかえって自社の利益を圧迫します。自社の打つ手が顧客の求める4Cのどれに貢献するのかを認識して、限られた経営資源をどこに振り分けるかを意思決定します。

アドバイス マーケティングの4Cを高めて差別化する

マーケティングの4Cは、**差別化のための視点**として使えます。4Cをもう少し具体的に考えてみましょう。

顧客の視点4Cを通して、マーケティングを考える

顧客にとっての価値 (*Customer value*)
- 製品やサービスの価値
- ブランド力（所有する喜び）
- 高品質、高機能

顧客の負担 (*Cost to the Customer*)
- 取得費（価格）が安い
- 維持費が安い
- 分割払いと金利優遇

入手の容易性 (*Convenience*)
- 立地がよい（近い、交通機関）
- 入手に手間がかからない
- いつでも手に入る

コミュニケーション (*Communication*)
- 情報の入手が容易
- 顧客の声を聞く体制
- 開放された窓口

1つめの顧客にとっての価値（Customer value）は、製品やサービスの価値を高める、そして差別化することです。ブランド力（所有する喜び）、高品質、高機能、コンパクト化、デザインなど、差別化できる製品やサービスを提供することが必要です。

2つめの顧客の負担（Cost to the Customer）は、取得費（価格）が安い、維持費が安い、分割払いと金利優遇が可能などです。通信販売のジャパネットタカタが、「分割払い20回まで、金利手数料無料」と宣伝しているのは、分割払いと金利優遇で顧客の負担を軽減しています。

3つめの入手の容易性（Convenience）は、立地がよい（近い、交通機関）、入手に手間がかからない、いつでも手に入るという、コンビニの差別化です。ネット販売の楽天も、探しやすさと翌日配送サービスで、入手の容易性（コンビニエンス）を目指しています。

4つめのコミュニケーション（Communication）は、情報の入手が容易、顧客の声を聞く体制、開放的な窓口などです。コールセンターを設置する企業が目指しているのは、コミュニケーションの差別化です。

2章 分析力を高めるフレームワーク

> **問題解決トレーニング**　　　　　　　　　　Let's try!
> # 儲からないコンビニの弱みをどう克服するか

問題発生！ 値下げで儲からなくなったコンビニチェーン

ヤスイコンビニチェーンは、コンビニでありながら思いきった値引きをするチェーンです。たとえば、ペットボトル飲料は、定価150円を120円で販売しています。ただし、大量仕入れをするために、商品の品種数はかなり絞り込んでいます。たとえば、ペットボトル系はキリンだけ、コーヒーはサントリーだけというように、メーカーを絞り込んでいます。

しかし、2年前からFC（フランチャイズ）加盟店に赤字店舗が増えてきました。FCは個人オーナーが多く、赤字は経営存続の危機を意味します。このままでは、コンビニチェーン存続の危機です。商品の品種数の絞り込みが問題なのか、客数と客単価の両方が落ちています。

フレームワーク活用の手順

❶マーケティングの4Cでコンビニの効用を考える

マーケティングの4Cでコンビニの効用を考えます。まず現状分析として、現在の4Cについて把握します。顧客にとっての価値、顧客の負担、入手の容易性、コミュニケーションの4つです。

❷マーケティングの4Cで競争力になるものを重点化する

マーケティングの4Cのうち、どれを強化すべきかを考えます。いままでは値引きにより、顧客の負担を軽減しました。入手の容易性は他のコンビニと同じレベルです。現在弱くなっているCの強化が必要です。

❸価格でなく、コンビニエンスな価値で勝負する決意をする

顧客の負担を軽減するのではなく、顧客にとっての価値である、製品やサービスを高めることが必須です。安いだけでは顧客は喜びません。買う楽しみを高めるため、品揃えの根本対策が必要です。

解決のコツ　4Cの「弱み」を改善して強化する

　現在の4Cの強みは、他のコンビニよりも値引きしているため、顧客にとっての負担の軽減です。一方4Cの弱みは、品揃えの偏りすぎによる顧客にとっての価値の低さです。仕入れコスト優先の品揃えのため、顧客にとっての価値が軽視されてきました。

　今後に強化すべき4Cは、現在弱みである品揃えの改善です。顧客にとっての価値、つまり豊富な品揃え（量の充実）、魅力ある品揃え（質の充実）、そして買い物の喜びを顧客価値として高めるべきです。

　いままでの強みであった値引きについては、20％引きではなく、5％引きとします。そして、キャンペーン品として従来の20％引きを期間限定で行うことで安さの演出を持続させます。

　入手の容易性については、他のコンビニチェーンと同様です。立地については、急には変更できません。ただ、商品の探しやすさについては、店舗レイアウトも含めて大幅に改善予定です。コミュニケーションについては、キャンペーン広告、新商品紹介、マスコミによる広告の改善を図ります。

コンビニでの4Cを考える

顧客にとっての価値 (Customer value)	顧客の負担 (Cost to the Customer)
豊富な品揃え、魅力ある品揃え、買い物の喜び	価格が安い

入手の容易性 (Convenience)	コミュニケーション (Communication)
商品の探しやすさ、好立地の店舗	キャンペーン広告、メディア広告、新商品紹介

12 「マッキンゼーの7S」で企業の状況を多面的に分析する

ミッシーを最初に提唱した会社がコンサルティング会社で有名なマッキンゼーだ。フレームワークとして、マッキンゼーの7Sが有名なので紹介しよう。

マッキンゼーの7Sとは 経営改革に必要な7つの要素を把握する

企業全体をミッシーで把握するために便利なフレームワークが7Sです。経営分析や経営改革に使える要素を7つ定義しています。

7Sは、**ハードの3Sとソフトの4Sに分けられています**。ハードの3Sは、組織（Structure）、戦略（Strategy）、システム（System）の3つです。ソフトの4Sは、人材（Staff）、スキル（Skill）、スタイル（Style）、価値観（Shared Value）の4つです。

ポイント SWOT分析との違い

SWOT分析と用途の違いは何でしょうか。SWOT分析（強み・弱み・機会・脅威）は、社内外についてミッシーで把握する手法です。一方**7Sは、社内に限定したフレームワーク**です。

SWOT分析と7Sを組み合わせて使うのも一案です。内部要因（社内）は7Sの視点で「強みと弱み」を分析します。外部要因は、顧客、競合、マクロ環境の視点で「機会と脅威」で分析します。

アドバイス マッキンゼーの7Sは分析にも改革案にも使える

マッキンゼーの7Sが便利なのは、**分析にも改革案にも使える**という点です。また、社長から「7Sで本当に大丈夫なのか？」と聞かれても、「マッキンゼーがミッシーだといっているのですから大丈夫です」と反論する手もあります。

ハードの3Sの1つめは、組織(Structure)です。組織のあるべき形態は何かを、他社の先進事例を調査して、社内で十分議論すべきでしょう。

2つめは、戦略（Strategy）です。事業の優位を維持・確保するための強みは何か、競争力となる強みは何かを明らかにします。

企業を多面的に分析する「マッキンゼーの7S」

【ハードの3S】

組織（Structure）：組織のあるべき形態
戦略（Strategy）：事業の優位を維持・確保するための強み
システム（System）：情報伝達の仕組み

【ソフトの4S】

人材（Staff）：人材マネジメント
スキル（Skill）：社員や企業が持つ能力や技術
スタイル（Style）：社風や企業文化
価値観（Shared Value）：社員が共有するビジョンや企業理念

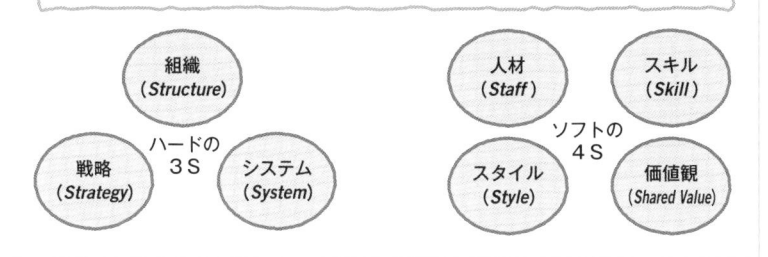

ハードの3S：組織（Structure）、戦略（Strategy）、システム（System）
ソフトの4S：人材（Staff）、スキル（Skill）、スタイル（Style）、価値観（Shared Value）

　3つめは、システム（System）です。システムは情報伝達の仕組みです。情報システムが果たす役割も高まっています。

　ソフトの4Sの1つめは、人材（Staff）です。有能な人材の募集、人材育成など、人材マネジメントも重要です。

　2つめは、スキル（Skill）です。社員や企業が持つ能力や技術はスキルです。特許などの知的財産もスキルに含みます。

　3つめは、スタイル（Style）です。社風や企業文化です。社風や企業文化は急には変えられません。しかし、顧客志向の企業風土、スピード重視の企業風土への転換が必要です。

　4つめは、価値観（Shared Value）です。社員が共有するビジョンや企業理念を明確化し、共有化することが大切です。

問題解決トレーニング　Let's try!
3年前から目標不達の売上利益計画

問題発生！　売上利益計画しか考えない経営者の限界

　ガマン商事の社長は、「目標必達、実力主義」が口癖です。社長が口にする必達というのは、必ず達成するという意味で、単なる目標ではありません。絶対達成しなさいという意味が込められています。

　ガマン商事は、毎年、売上利益計画を策定します。通常、前年の10％を加算するというのが、売上利益計画の立て方です。しかし、必達にも限界がきています。すでに3年前から目標は達成していません。社長は「オレをクビにする気か！」と役員たちを責め立てますが、売上利益計画の目標数字と気合だけでは限界です。

　もう少し企業の体質改善というか、全社の競争力を高めるべきではないでしょうか。

フレームワーク活用の手順

❶ 7Sの視点で現状分析する

　まず7Sで現状分析します。組織、戦略、システムなど、1つずつ現状分析してみます。たとえば、戦略なき売上利益計画で数字が独り歩きするが、達成するための具体策がないという現状がありそうです。

❷ 7Sで問題点を探索し、重要な問題点を明確化する

　何が問題なのか、問題点を列挙します。そして、放置できない、改善しなければいけない問題点を絞り込みます。売上利益計画を達成するための若手の人材育成ができていないなどの問題点があげられるでしょう。

❸ 7Sの視点から、改善や改革案を作成する

　重要な問題点が明確化したら、7Sの視点から、改善や改革案を作成します。現状の弱みを克服するために何をすべきか、改善で間に合わないときは、全社の改革も視野に入れるべきでしょう。

解決のコツ ７Ｓの視点で分析し経営改革を推進する

７Ｓを、Before（現状）、After（改革後）で対比させると、簡潔にまとめることができます。

まず組織の問題点（Before）は、セクショナリズム、組織の壁で官僚組織化しています。改革案（After）としては、組織のフラット化が必要です。次には、戦略です。戦略の問題点は、売上利益計画のみで、戦略自体はあいまいです。ボトムアップ提案の寄せ集めです。改革案は、経営戦略を立案して、全社の整合性確保が不可欠です。

その他、７ＳについてBefore、Afterで対比して、経営改革の第一歩を踏み出す必要があります。いまのままでは、目標は達成できないどころかジリ貧です。

マッキンゼーの７Ｓで、現状分析をして、改革案を提案する

7S	Before（現状）	After（改革後）
組織 (Structure)	セクショナリズム、組織の壁	組織をフラット化、10→5階層に半減
戦略 (Strategy)	戦略があいまい、ボトムアップ	経営戦略を立案し全社の整合性を確保
システム (System)	情報システムが機能しない	情報システムによる業務効率化
人材 (Staff)	若手の人材育成ができていない	人事制度と人材育成制度の強化
スキル (Skill)	専門技術力が低い	専門技術力強化の体制確立
スタイル (Style)	保守的、内向き、官僚的な風土	世界で通用する企業風土の改革
価値観 (Shared Value)	経営理念を共有化できていない	経営理念を共有化し全社一丸

13 財務分析に効果を発揮する「変動費・固定費」

「変動費・固定費」のフレームワークは、財務分析に役立つ。変動費は、材料費や経費など売上によって変動する費用である。固定費は、設備費、社員の人件費など、売上にかかわらず固定で発生する費用である。

変動費・固定費とは 高い粗利を確保するための施策を考える

財務分析をする上で欠かせないのが固定費と変動費です。固定費は売上にかかわらず固定して発生する費用。変動費は売上の増減に連動する費用です。**固定費が高いと、損益分岐点（赤字と黒字の境界点となる売上高）が高くなります**。損益分岐点以上に売上を上げないと赤字になります。

ポイント 財務分析の手順は、まず損益分岐点を知ること

近年、デフレによる単価の下落、販売数量の頭打ちにより、売上高が減る企業が増えています。売上減に対抗するには、固定費を下げて、赤字と黒字の境界点となる損益分岐点を下げる必要があります。

財務分析は、座標軸の縦軸に費用、横軸に売上の指標を置きます。まず固定費を水平に線引きして、総費用線は、固定費と変動費を加えた線を、右肩上がりで線引きします（図左）。なお、売上高線は、座標軸の原点から右肩上がりで線引きします。

総費用線と売上高線が交差した点が損益分岐点です。損益分岐点より売上高が少ない場合は赤字、売上高が多い場合は黒字です。

アドバイス 固定費を下げて損益分岐点を下げる

固定費は売上の増減に関係ない費用です。中長期の投資で発生する費用が固定費です。たとえば、何年間も使える建物や設備の減価償却費、雇用保障している社員の人件費は固定費の代表例です。

変動費は、売上の増減で連動する費用です。たとえば、原材料費、輸配送費、外注費などは変動費です。近年、アウトソーシングが増えているのは、仕事の増減に合わせて変動費扱いにできる効果があるからです。

財務分析に用いられる「変動費・固定費」の仕組み

$$損益分岐点 = \frac{固定費}{1 - \dfrac{変動費}{売上高}}$$

【固定費が高い場合】損益分岐点が高い

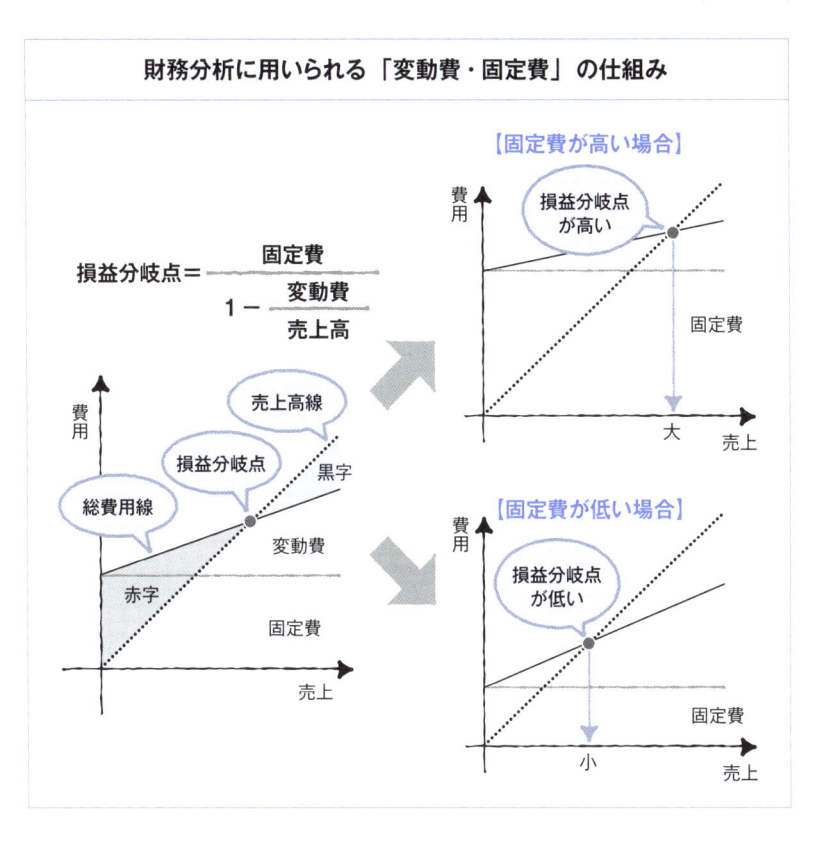

【固定費が低い場合】損益分岐点が低い

　固定費が高いと、損益分岐点が上がります。 損益分岐点が上がるということは、多くの売上を上げないと、黒字転換できないという意味です（図右上）。

　少ない売上で黒字化したいとか、売上がいまより減っても利益の減少幅を減らしたいというのであれば、固定費を下げる必要があります（図右下）。固定費を下げると、損益分岐点を下げるため、少ない売上で黒字化する効果があります。

　固定費を減らすことは容易ではありません。そこで企業は、派遣社員やパートタイマーを使うことで人件費を変動費化してきました。正社員は固定費、派遣社員やパートタイマーは変動費です。また、設備を買い取りからリースにすることで変動費化しているのです。

問題解決トレーニング Let's try!
固定費の高い会社の利益アップとは

問題発生! 売上の減少が利益の大幅減少に直結

　イケイケ電気は、何でも自動化するのが大好きです。たとえば、家電製品の組み立ては人手を使わないで、自動組立機を開発しようとします。もう20年前の昔のことですが、三重県に無人化組立工場を建設しました。無人で家電製品を組み立てるというのです。結局、組立機械は正常稼働しないまま、鉄くずとして破棄しました。

　なんせ自動化が好きなイケイケ電気は、現在でも自動化が大好きです。設備開発の専門担当者を多く抱えているので、自動化しないと損だというのです。

　しかし、サブプライムローン以降、イケイケ電気の売上は激減し、巨額の赤字を出しています。設備投資、設備開発部門の人件費など、高固定費でやってきたのが裏目に出たのです。

フレームワーク活用の手順

❶変動費と固定費に分ける

　まず財務分析の準備として、変動費と固定費に分けます。財務管理データを使えば、すでに勘定科目に分類されているため、変動費と固定費は容易に分けられます。

❷損益分岐点を計算する

　変動費、固定費、売上高を使って、損益分岐点を出します。損益分岐点＝固定費／（1－変動費／売上高）で計算できます。損益分岐点より売上高が上なら黒字、売上高が下なら赤字です。

❸損益分岐点を下げるために固定費低減策を考える

　損益分岐点を下げるためには、分子である固定費を下げることが王道です。そもそも固定費は中長期に固定的に発生する費用なので短期間で下げることは容易ではありません。痛みを伴う改革が必要です。

財務分析に効果を発揮する「変動費・固定費」

解決のコツ　固定費を下げて損益分岐点を下げる

　イケイケ電気は、いままで設備化推進と、設備開発部門の人件費により、固定費が増大してきました。ここでイケイケ電気がとる手段は、大きく2つあります。1つめは固定費のリストラ、2つめは、売上増大です。

　1つめの固定費のリストラについて考えてみましょう。すでに強大な設備投資を行っているので、減価償却費を容易に下げることができません。しかし、遊休資産を売却や処分をして、固定費を下げることは可能です。

　また、社員の人件費は固定費ですから、社員の人件費を変動費化することは可能です。設備開発部門を子会社にするのです。子会社化によって、開発部門はイケイケ電気にとっては、アウトソーシング先になります。アウトソーシングは変動費です。なお、子会社になる設備開発部門は、エンジニアリング会社として、イケイケ電気以外からも仕事を受注します。

　2つめの売上増大は、新製品開発や新規事業、海外の市場開発によって、売上増大を目指します。たとえば、正社員を増やさないで、新製品を増やします。不足する人員は、パートタイマーなどで補充します。また、海外の販路を拡大して、海外進出を拡大させるのも一案です。

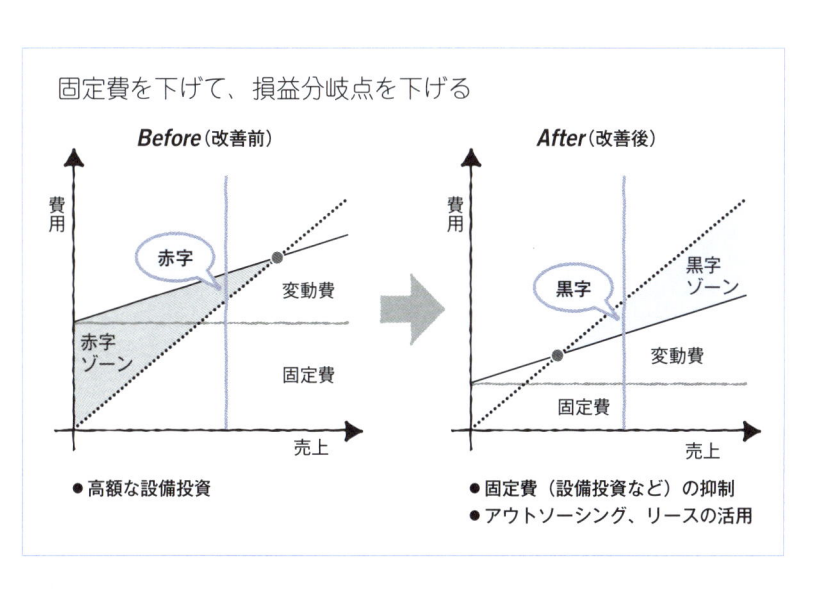

固定費を下げて、損益分岐点を下げる

Before（改善前）

- 高額な設備投資

After（改善後）

- 固定費（設備投資など）の抑制
- アウトソーシング、リースの活用

COLUMN

「SWOT分析」を個人の育成課題に活用

　SWOT分析を個人の育成課題に使っている外資系企業があります。SWOT分析では、「己を知ること」として、「強み・弱み」を分析します。分析とは、「分けることで解析すること」です。強みと弱みを、具体的な項目に分けるのです。たとえば、スキル面、人脈面に分けます。スキル面についてはもっと具体的に、設計や会計などの専門力、資格力、そしてプレゼン力やコミュニケーション力などの人間力にわたって、自己分析してみるといいでしょう。

　強みを知り、そして強みをさらに伸ばすことは、その人の魅力や付加価値を高めることになります。P.F.ドラッカー博士は、「組織とは、人々の強みを活かし、同時に人々の弱みを中和させるためにある」と言っています。自分の強みを知り、組織に貢献することで、高い成果を上げることができます。「○○のAさん」と言われるようになると一流です。たとえば、「プレゼンのAさん」「営業力のAさん」など、名前の前に強みが加わると、社内で認知された存在になります。

　SWOT分析で「彼を知ること」は、「機会・脅威」の外部要因を把握することです。個人のSWOT分析の場合、自分以外はすべて外部要因として識別します。たとえば、社外だけでなく、社内の環境も外部要因になります。会社方針、部内の状況なども、「機会・脅威」の外部要因として把握します。

　「機会・脅威」は、3年先までの変化を予測したものまで含みます。社外の環境変化では、PEST分析（政治・経済・社会・技術）のフレームワークで把握することも効果的です。「機会を活かし、脅威を克服する」ことが大切です。自分の強みを活かして、社内でどのようなチャンスを見出し、自分の成果につなげていくのかを、社員1人ひとりが考えるようになると、より強い組織になるのです。

第 3 章

視点を変え、新たなビジネスを生み出すフレームワーク

3章 視点を変え、新たなビジネスを生み出すフレームワーク

14 「PMマトリックス」でビジネスの多角化を考える

「既存と新規・製品と市場」の組み合わせで多角化分析ができるフレームワーク。「既存・新規」×「製品・市場」で、マトリックス（格子）を作る。多角化分析は、別名PMマトリックスともいう。

PMマトリックスとは 企業が多角化を考えるときの指針

PMマトリックスは、P（Product；製品）とM（Market；市場）、既存と新規をマトリックス（格子）にして組み合わせます。具体的には、**「既存製品・新規製品・既存市場・新規市場」**の4つの組み合わせにします。マトリックスの横軸に「既存製品・新規製品」、縦軸に「既存市場・新規市場」を配します。なお、P（Product）は製品だけでなく、事業（Business）も含む概念です。

ポイント 既存の経営資源を活用するのがベター

PMマトリックスは、多角化の事業候補を考えるときに用います。PMマトリックスが持つ意味は、**P（製品）かM（市場）のどちらかを既存、つまり従来取り組んでいたものにしておかないと、多角化が失敗**するということです。
「新規製品・新規市場」のどちらも新規の場合、製品も顧客もない状態からのゼロスタートになります。多角化の失敗の多くは、「新規製品・新規市場」に無謀にも手を出すことです。一方で、事業が成功する要因の多くは、既存事業とのシナジー（相乗効果）を活かすことができることです。既存の経営資源、特にP（Product；製品）とM（Market；市場）のどちらかの経営資源を活用しなければ、成功率が高い多角化はできません。

アドバイス P（Product）とM（Market）で多角化の方向を考える

PMマトリックスは多角化を考えるときの候補を列挙するときに役立ちます。思いつくままに、多角化の代替案を、マトリックスに記入していきます。
マトリックスの左上は「既存製品・既存市場」です。ここは、既存の製品やビジネスを記入します。マトリックスの右上は、「新規製品・既存市場」です。「製品開発や事業の多角化」です。いまの既存市場（市場、顧客、販売チャネルを含

多角化を考えるPMマトリックス（既存・新規×製品・市場）

製品（Product）／事業も含む

市場(Market) \ 製品(Product)	既存 製品・事業	新規 製品・事業
既存 市場・顧客 販売チャネル	（市場の深耕） ●掃除機、アイロン、空気清浄機 ●マッサージ機、暖房器、電話機 ●プリンター、パソコン周辺機器 ●調理器、炊飯器、電気ポット ●デジタル家電 ●白物家電 おすすめ度 ◎	（製品開発・事業の多角化） ●省エネ向上製品 ●シニア向け家電 ●富裕層向け高級家電 ●ロボット掃除機 ●全自動家電 ●ネット家電 おすすめ度 ◎○
新規 市場・顧客 販売チャネル	（顧客開拓、市場の多角化） ●海外向け直販チャネル ●アジア市場への販売拡大 ●受注生産による在庫レス おすすめ度 ◎○	（事業の多角化） ●フィットネス家電 ●ネット銀行 ●アフェリエイト広告事業 ●ベンチャー育成事業 おすすめ度 △×

む）に新製品や新規事業を展開していく多角化です。既存市場をすでに確保しているので、リスクが少ない多角化です。

マトリックスの左下は、「既存製品・新規市場」です。今の製品を、新しい市場に拡大する多角化です。「顧客開拓や市場の多角化」です。既存製品をすでに確保しているので、リスクが少ない多角化です。

マトリックスの右下は、「新規製品・新規市場」で、「事業の多角化」です。**どちらも新規なので、時間とお金がかかる多角化**で、リスクが高くなります。金食い虫の「道楽の多角化」です。見えていないリスクが後からどんどん出てくること、そして自己満足な「武士の商法」になりやすい欠点があります。

3 章 視点を変え、新たなビジネスを生み出すフレームワーク

問題解決トレーニング　　　　　　　　　　　　　Let's try!
新しいもの好き製菓会社の有望な新規事業

問題発生！ 思いつきの新事業で、いつも失敗する経営者

　ヤッタル製菓の社長は、新しいもの好きです。お菓子の新製品は、年300品種は出します。毎日新製品を出すペースです。しかし、新製品を何種類も作っても、量販店やコンビニに売り場がなくて置いてもらえないこともしばしばです。新製品を出しても、注文が入るとは限らないのです。

　そこでヤッタル製菓の社長は考えました。お菓子はもうダメかもしれない。これからは、ＩＴ（情報技術）の時代だ、と。

　アンドロイド携帯のアプリ（業務用ソフト）の事業を立ち上げたものの、開発コストはかかるし、そもそもソフトウェア開発の技術が乏しい社員たちなので、なかなか製品になりません。

フレームワーク活用の手順

❶ＰＭマトリックスで多角化の候補を考える

　多角化したいのであれば、ＰＭマトリックスで多角化の候補を考えます。既存のＰ（製品）とＭ（市場）のシナジーが発揮できる事業が基本です。

❷有望な候補をいくつかに絞り込む

　ＰＭマトリックスに多角化の候補が十分に書かれたら、いくつかの有望な候補に絞ります。数個以内に絞り、さらに事業の有望性を評価します。右下の多角化候補は除外して、あくまで参考程度にします。

❸有望な候補の投資対効果を予測してさらに絞り込む

　有望な多角化候補について、１つずつ事業概要を作成してみます。そして、投資対効果を可能な範囲で予測します。一度に多くの多角化はできませんから、実施候補は最終的に１～２つに絞ります。

「PMマトリックス」でビジネスの多角化を考える

解決のコツ 「強み」を活かした多角化を探るべき

「新規製品・新規市場」はかなりの競争市場になります。勝利を手にするのは、すでに製品や市場を既存に保有している企業か、莫大な資金を無尽蔵に使える金持ち企業だけなのが現実です。3年間新規事業を続けて成果が見えない原因を探ると、「新規製品・新規市場」に手を出していたということが多いのです。時間と資源の浪費です。

ヤッタル製菓のPMマトリックスを作成してみました（下図）。右上（新規製品・既存市場）では、栄養ドリンク、製パン業への参入などを列挙しました。左下（既存製品・新規市場）では、オフィスへの富山の置き薬方式（利用分だけ後日代金回収）、アジア圏への市場開拓などを列挙しました。これは有望な多角化を絞り込む第一歩です。なお、左上（既存製品・既存市場）に注力することはいうまでもありません。本業がうまくいってこその多角化です。

ヤッタル製菓のPMマトリックス

製品 (Product) / 市場 (Market)	**既存** 製品・事業	**新規** 製品・事業
既存 市場・顧客 販売チャネル （子ども）	（市場の深耕） ● 米菓子、小麦粉菓子 ● チョコレート、ケーキ ● 清涼飲料水 ● 乳製品（ヨーグルト、プリン）	（製品開発） ● 栄養ドリンク ● 粉ミルク （事業の多角化） ● 製パン業
新規 市場・顧客 販売チャネル	（国内：顧客開拓） ● 駅販売（キオスク） ● 置き薬方式（オフィスへの常設） （海外：市場の多角化） ● アジア諸国の市場開拓 ● 欧州、ロシアの市場開拓	（事業の多角化） ● お総菜 ● 学校給食 ● アルコール飲料 ● 金融業 ● 携帯電話のアプリ開発

15 「ポーターのバリューチェーン」でビジネスの差別化を考える

競争戦略の大家であるM．E．ポーター博士は、「バリューチェーン（価値連鎖）」を提唱した。バリューチェーンは、生産～販売～サービスまでの一連のビジネスの流れが連鎖している意味である。

ポーターのバリューチェーンとは 企業活動を5つの要素でとらえる

バリューチェーン（価値連鎖）は、生産～販売～サービスまでの一連のビジネスの流れが価値連鎖によってつながっているという考え方です。

バリューチェーンは、**「購買物流—製造—出荷物流—販売・マーケティング—サービス」を「5つの主要活動」**として定義しています。ポーター博士は、企業活動全体を5つの主要活動でとらえることを主張しています。

ポイント 新しいビジネスチャンスを見つける

バリューチェーンを考えるメリットは、新しいビジネスチャンスが見えてくることです。要するに、**自社単独のビジネスとしてとらえるのではなく、バリューチェーン全体でマージン（利益）を増やすことを考えるべき**ということです。

たとえばプリンターは、トナーやインクカートリッジを機種専用にすることで、消耗品の買い替え需要から売上アップにつなげています。メンテナンスの売上は「5つの主要活動」の最後の「サービス」になります。トナーなどの消耗品ビジネスは、製造（プリンター本体）とサービス（消耗品）の両方を考えて作られたビジネスモデル（儲けのしくみ）です。

アドバイス 5つの要素を横断して考えよう

企業はバリューチェーンでつながっています。ただし個別企業の多くは、「購買物流」は部品のサプライヤー、「製造（組み立て、生産）」はメーカー、「出荷物流」は物流会社、「販売・マーケティング」は販売店、「サービス」はメンテナンス会社、のように役割分担しています。

しかしポーター博士は、会社として分かれていても、顧客の視点で見れば、5つの主要活動が企業活動によって価値連鎖している（価値を高める連鎖が起きて

会社は例外なく、価値連鎖によって活動がつながっている

バリューチェーンの5つの要素	意味
購買物流	製品の原材料を調達・在庫・輸配送する活動
製造	原材料を最終製品に変換する活動
出荷物流	製品を集荷・保管し、買い手に届けるまでの活動
販売・マーケティング	製品を買える手段の提供と販売促進活動
サービス	製品の価値を高めたり維持するサービス活動

いる)ことを認識すべきだといいます。そして、**5つの主要活動を横断して考えることで、新しい価値が生まれる**のです。

たとえばコンビニは、「製造―出荷物流―販売・マーケティング」をつなぐメーカー直仕入れ(問屋中抜きともいう)で、大きなマージンを得ています。また、セブン‐イレブン・ジャパンはＰＢ商品(プライベート商品；自社ブランド製品)の比率を60％まで高めています。

補足ですが、バリューチェーンには、5つの主要活動を支える機能として、「4つの副次的活動」も定義されています。「全般管理」「人事・労務管理」「技術開発」「調達活動」の4つです。

3章 視点を変え、新たなビジネスを生み出すフレームワーク

問題解決トレーニング　　　　　　　　　　　　　　　Let's try!
メーカーの「在庫の山」を解消するには

問題発生！ 売れ残りが山積みのアパレルメーカー

アパレル業界で大手にまで成長したキタキリ衣料株式会社では、衣料の商品在庫が大量に余ることが、以前から問題になっていました。在庫処分のため、シーズンオフには1着100円セールをして大赤字になります。それでも売れ残る場合は破棄しますが、トラック費用や焼却費用などお金がかかります。

財務内容を見ると、粗利益が500億円あるものの、安売りや在庫破棄による評価損が600億円と、差し引き100億円の赤字です。安売りや在庫破棄がなくなれば、大幅黒字に転換できることはわかっています。しかし、流行が短期間で終わるうえ、売れ筋商品は欠品で販売チャンスを逃しています。追加生産した頃には、流行が過ぎて在庫の山となるのです。

フレームワーク活用の手順

❶生産から販売までの情報連携の有無を調査する

なぜ売れ残りの在庫が多く残るのか。それは販売実績と生産計画が乖離しているからと考えられます。生産から販売までの情報連携の有無を調査することが第一歩です。

❷生産から販売までの情報システムの問題点を分析する

販売時点（POS）データ、在庫データ、生産計画データの連携は一切ないことがわかりました。生産計画は、販売時期の半年前に立てられ、3ヶ月前までに生産を終了しています。

❸情報システムを一元管理する方法を考える

販売時点データ、在庫データ、生産計画データをリアルタイムで連携する必要があります。また生産計画はフレキシブルに変更できる体制とし、実際の販売時点データの結果により追加生産する体制とします。

「ポーターのバリューチェーン」でビジネスの差別化を考える

解決のコツ 生産から販売までの情報システムを一元管理する

たとえば、春物衣料は、前年の夏から秋にかけて生産し、在庫を大量に持って冬のセールを迎えます。前年に予測するわけですから、何が売れるのか、当たるわけがありません。

言い訳をしてもしょうがないので、商品企画部門は、売れ筋商品の予測を当てるべく、日夜リサーチをしています。しかし、衣料品ほど予測が難しい世界はありません。なにしろ、キタキリ衣料株式会社が扱っている商品は、サイズ違いも入れると200万アイテム（品種数）です。販売予測を当てるのは無理です。

生産から販売までの情報システムを一元管理することで、販売時点データ、トータル（工場―物流―店舗）在庫を把握しながら、日々生産計画をフレキシブル（柔軟に）に変更します。売れ筋商品、売れ筋サイズなどは、瞬時に生産補充をかけ、在庫削減と欠品防止を両立させることにしました。

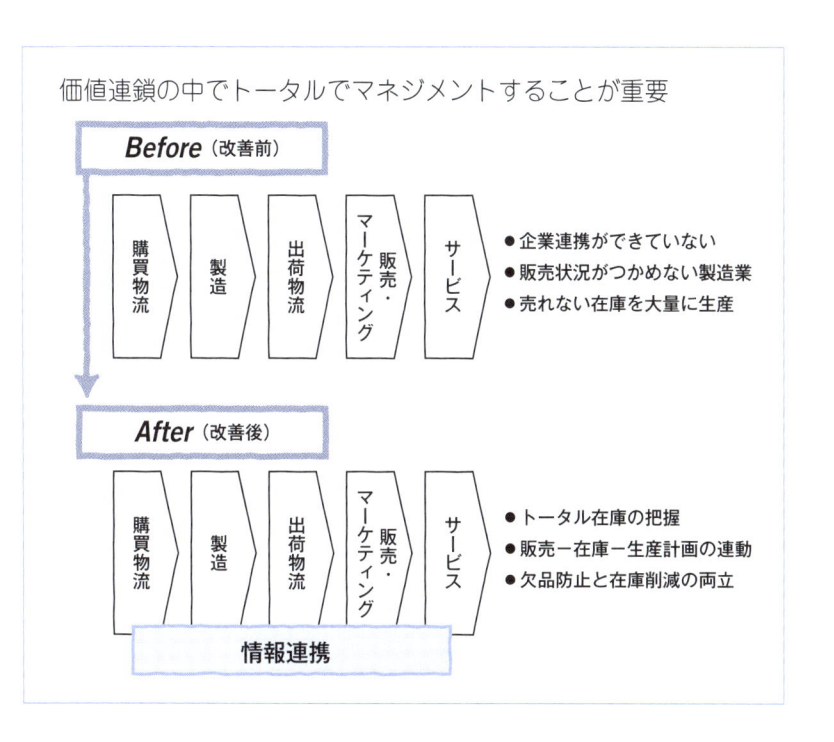

価値連鎖の中でトータルでマネジメントすることが重要

Before（改善前）

購買物流 → 製造 → 出荷物流 → マーケティング・販売 → サービス

- 企業連携ができていない
- 販売状況がつかめない製造業
- 売れない在庫を大量に生産

After（改善後）

購買物流 → 製造 → 出荷物流 → マーケティング・販売 → サービス

- トータル在庫の把握
- 販売―在庫―生産計画の連動
- 欠品防止と在庫削減の両立

情報連携

16 「スクラップ&ビルド」でビジネスを抜本的に改革する

事業の成長戦略を考える場合、「スクラップ&ビルド」（S&B）のフレームワークで考えることは必須だ。スクラップ（Scrap）は事業を縮小・撤退すること、ビルド（Build）は立て直すことだ。

スクラップ&ビルドとは　ゼロベースで事業を見直す考え方

成長戦略という戦略的な考え方があります。成長戦略とは「撤退と新規の新陳代謝による継続」です。言い換えればS&B（Scrap & Build）により、経営資源の投資対効果の最大化を目指す考え方です。

P．F．ドラッカー博士は、**3年に一度は事業をゼロベースで見直すべき**だと提唱しています。ゼロベースで見直すとは、「そもそもその事業がなかったらどうなるのか？」を問いかけます。なくても問題ないのであれば、撤退すべきだと提唱しています。

ポイント　事業のあり方を抜本的に見直す

すでに縮小している事業分野、または競合に対してすでに負けが確定した事業は立て直しが困難です。スクラップも視野に入れましょう。
「スクラップ&ビルド」は、ゼロベースで事業を見直しするためのフレームワークでもあります。ニーズや需要の変動によりビルドが難しい事業は、**そもそも存続する価値があるのかをゼロベースで問いかけます。**

赤字事業がある場合、「この先3年以内に黒字転換できるのか？」を問いかけます。「できる」のであれば継続して「ビルド」、「できない」のであれば「スクラップ」も選択肢の1つです。

アドバイス　全社の経営効率を高く維持するうえで有効

全社の経営効率や投資対効果を高く維持するためには、「スクラップ&ビルド」のフレームワークが効果的です。

コンビニでは毎年、店舗のS&Bを実施しています。たとえば、ある年コンビニチェーンのローソンは、200店舗の店舗数が純増しました。しかし内訳は、

企業を取り巻く環境変化に対応するためには「S&B」が不可欠

経営資源(ヒト・モノ・カネ・情報)の再配分

S&B
(スクラップ・アンド・ビルド)

縮小・撤退候補：ドメイン以外の分野／衰退分野・不採算分野

成長継続分野：既存事業 ← シナジー(相乗効果) → 既存事業

成長分野 将来性が高い分野：新規事業

ドメイン(事業領域)

- 衰退分野、不採算分野の縮小、または撤退
- 既存の成長分野、将来性が高い分野への経営資源の投入

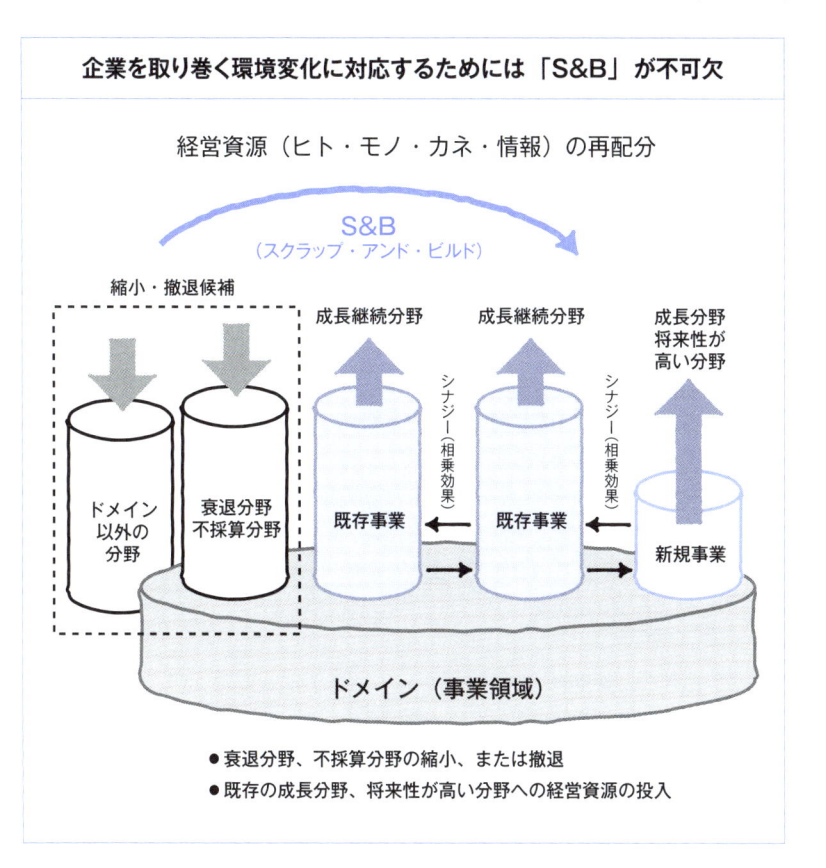

300店舗が撤退、500店舗が新店オープンです。**成長企業は、常にS&Bを実施しているのです。**

コンビニ関係の冷蔵庫などの什器設備を扱う、ある工事会社の人が言っていました。「コンビニは、赤字を継続するとオーナーの負担が非常に大きい。赤字店舗は、これ以上継続しても黒字化は難しい。早く撤退したほうがいい」という話です。たしかに、赤字になると確実に手持ちのキャッシュが減っていきます。

全社の経営効率を高く維持するためには、S&Bを継続することが不可欠なのです。

3章 視点を変え、新たなビジネスを生み出すフレームワーク

問題解決トレーニング　　　　　　　　　　　　　　　Let's try!
部品会社の「不採算部門」を解消するには

問題発生！　不採算部門が経営の足を引っ張る部品メーカー

テビロ部品株式会社では、自動車部品、電子部品、機械部品を製造販売しています。汎用部品が多いため、さまざまな部品を製造販売しています。汎用品といっても、各社各様で共通部品はありません。

テビロ部品株式会社の取り扱い部品数は、50万アイテム（品種数）です。50万アイテムとはいえ、すでに廃番となった部品も多く、実際に追加生産しているのは3000アイテムくらいです。

30名もいるベテランの生産計画担当者も高齢で、5年以内に16名が定年退職を迎えます。ここ数年、慢性の赤字を抱えていることもあり、早急に情報システムの業務支援対応が求められているところです。

フレームワーク活用の手順

❶不採算部門の財務分析

自動車部品、電子部品、機械部品の部門別に、売上、費用、収益の財務分析を実施します。部門別の採算性を把握できたら、業績悪化の原因究明をします。

❷不採算部門の抜本的改革の可能性判断

「スクラップ＆ビルド」の視点で、ビルドで黒字転換ができない部門は、思いきってスクラップの対象部門とします。

❸抜本対策が必要な場合はS＆Bを推進

部門全体では赤字でも、高収益を上げている課や係があるかもしれません。または、得意先企業ごとに、収益格差があるかもしれません。悪い部分は外科手術でスクラップの意思決定も必要です。

解決のコツ　不採算部門のS＆Bの推進

パレートの法則、別名20／80の法則（ニッパチの法則）があります。「20％

の優良顧客が、80％の利益をもたらす。残り80％の顧客は、20％の利益しか生まない」という法則です。結論としては、「20％の優良顧客をしっかりつかまえて、少ない労力で高い利益を上げなさい」という提唱です。

　パレートの法則は、「顧客のＡＢＣ管理」「製品のＡＢＣ管理」を推奨しています。上位20％をＡランク顧客と位置づけて、きちんとした営業フォローをすること。60％をＢランクと位置づけてＡランクになるようビルドすること。最後の20％をＣランクと位置づけて、スクラップすることが実践上の解釈です。

　テビロ部品株式会社は、自動車部品、電子部品、機械部品のうち、赤字体質が抜け出せない事業をスクラップ（撤退か縮小）するのも一案でしょう。

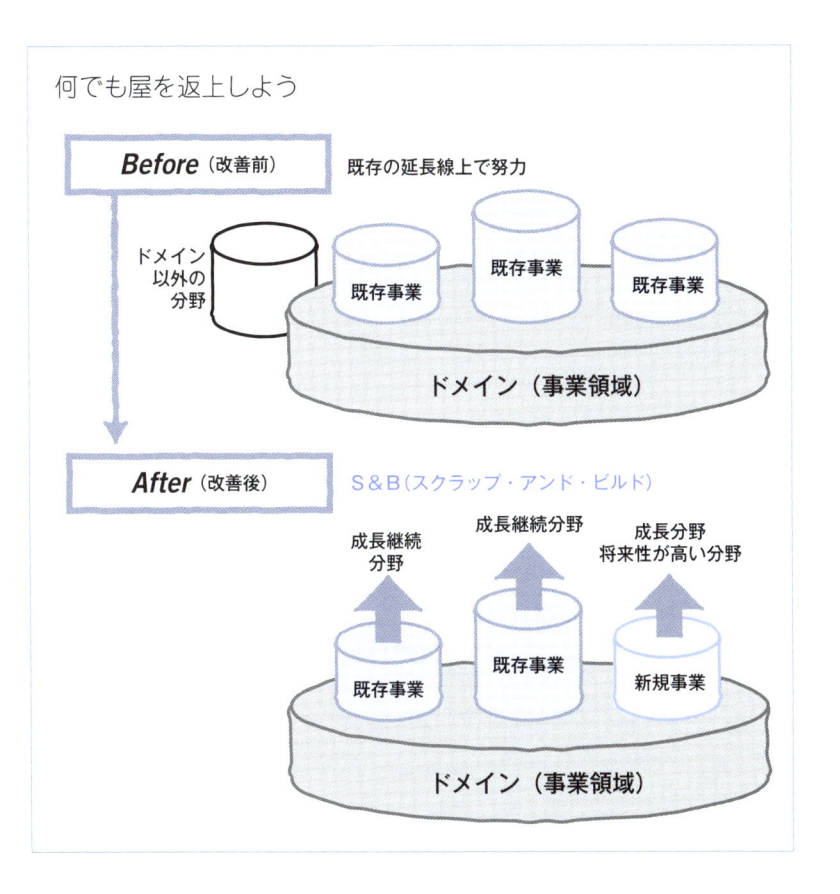

何でも屋を返上しよう

Before（改善前）　既存の延長線上で努力

- ドメイン以外の分野
- 既存事業
- 既存事業
- 既存事業
- ドメイン（事業領域）

After（改善後）　S＆B（スクラップ・アンド・ビルド）

- 成長継続分野 ← 既存事業
- 成長継続分野 ← 既存事業
- 成長分野 将来性が高い分野 ← 新規事業
- ドメイン（事業領域）

17 「AIDMAモデル」で顧客を知り営業効率を高める

「AIDMAモデル」は、顧客の購買意欲の段階を定義したもの。顧客の購買意欲がどの段階かを理解したうえでプロモーション（販売促進）活動をしなければ、マーケティング効率が落ちてしまう。

AIDMAモデルとは　マーケティングのノウハウとして有効なモデル

「AIDMAモデル」は、マーケティングのプロモーションノウハウの一種です。顧客の購買意欲の段階を5つに定義したものです。購買意欲の段階とは、**注意（Attention）、興味（Interest）、欲求（Desire）、動機（Motive）、行動（Action）の5つ**です。5つの頭文字を並べてAIDMA（アイドマ）モデルと命名しています。A→I→D→M→Aの順番に段階が変化するというのが、AIDMAモデルです。

ポイント　顧客の状況を把握した販売促進で契約率アップ

顧客は商品の存在を知らなければ、購買には至りません。しかし、顧客が存在を知ったからといっても、買うかどうかは未知数です。興味を示して、買いたいと思わなければ、知っているけど買いたくないと顧客は考えます。

では顧客が買おうかどうか迷っている場合はどうでしょうか。商品の存在をいくら広告しても、「もう存在は知っているよ。買うためのもうひと押しがあれば買うのに」と顧客は考えます。買おうかどうか迷っている場合は、「5％値引きしますがどうですか？」と言われれば、もうひと押しの効果になるでしょう。「なら買います」と、顧客の肩を後ろから押す効果があります。

しかし買いたくない人に「5％値引き」は効果が低いでしょう。つまり、**顧客の購買意欲によって、プロモーション効果が異なる**のです。

アドバイス　購買意欲に合わせた販売促進が重要

AIDMAモデルの1つめのAは、注意（Attention）です。まず顧客に、商品の存在を認知させる必要があります。

2つめのIは、興味（Interest）です。知っていても、顧客に興味を持っても

消費者の態度変容プロセス（AIDMA）

顧客の態度	顧客の意欲の把握	プロモーション目標
注　意 (*Attention*) **A**	知らない	認知度向上
	認知しているが想起できない	さらに知名度アップ
興　味 (*Interest*) **I**	興味がない	商品に対する評価育成
欲　求 (*Desire*) **D**	欲しいとは思っていない	ニーズ喚起
動　機 (*Motive*) **M**	欲しいと思っても買おうと思わない	購入意図形成
購入　行　動 (*Action*) **A**	買おうか買うまいか迷っている	購入意図喚起

らわなければいけません。商品に対する魅力を伝える必要があります。面白そうだな、なんか使えそうだなと思えば、購買意欲が一歩前進します。

　3つめのDは、欲求（Desire）です。欲しいと思わなければ、購買につながりません。ニーズ喚起が必要です。

　4つめのMは、動機（Motive）です。欲しいと思っても買おうと思ってくれなければ購買につながりません。顧客に「購入したい」という気持ちを起こさせる必要があります。

　最後の5つめのAは、行動（Action）です。買おうか買うまいか迷っている状態になると、最後のひと押しが必要です。顧客が「購入しよう」という気持ちを喚起する必要があります。店頭で顧客が買おうか買うまいか迷っているときに、「100円値引きします！　買ってください」というひと声は、効果が高いでしょう。

3 章 視点を変え、新たなビジネスを生み出すフレームワーク

問題解決トレーニング　　　　　　　　　　　　　　　Let's try!
不動産販売会社の契約率をアップさせる

問題発生！ なかなか契約できない不動産の営業担当者

　ヨワキ不動産販売は、新築のマンション販売をしている会社です。営業部のガンバ君は、営業が楽しくてしょうがありません。いろいろな人と知り合い、話をするのが大好きだからです。

　ガンバ君は、モデルルームに来るお客さんを相手にする、待ちの営業だけではありません。インターネットでパンフレットを取り寄せた顧客全員に、何度も何度も電話して精力的に営業しています。モデルルームが休館の日は、休日返上で1日10件の顧客訪問を自主目標にしています。

　しかし、営業成績はまったくふるいません。顧客に買いたいなと思わせるいい線までいくのですが、契約までこぎ着けないのです。ガンバ君は、何がいけないのかわかりません。

フレームワーク活用の手順

❶顧客の状況がAIDMAのどの段階かを把握する

　対象としている顧客1人ひとりが、AIDMAのどの段階かを把握するのが第一歩です。その顧客が、注意→興味→欲求→動機→行動のどの段階かを、まず見極める必要があります。

❷顧客の状況に合った販売促進にする

　AIDMAのどの段階かを見極めたら、顧客の段階に合った販売促進をします。たとえば欲求段階では、次の段階の動機につなげる販売促進を心がけます。

❸顧客のアクション（A；Action）に結びつける

　動機の段階まで到達したら、顧客のアクション（行動）に結びつける販売促進が大切です。たとえば、お金で悩んでいるのであれば、クレジットや分割販売の提案、不動産であればローン相談が重要です。

「AIDMAモデル」で顧客を知り営業効率を高める

解決のコツ　顧客の状況に合った販売促進体制の確立が急務

　ガンバ君は、ＡＩＤＭＡ状況の「欲求→動機→行動」の段階に顧客を進める必要があります。

　成果を上げる営業パーソンは、欲求や動機がある顧客を見つけたら、スッポンのようにかみついて離れません。欲しいと思っているのであれば、あと何があれば行動（購入）に結びつくかのヒントを、顧客とのコミュニケーションの中で見出そうとします。

　ある顧客は、お金の心配かもしれません。たとえば、頭金や諸経費がいくら準備できるか、ローンはいくらまで借りられるか、金利はどれくらいかなどです。そうであれば、ローン相談に真剣に対応すれば最後のひと押しになるでしょう。

AIDMAのどの状況に顧客がいるかで販売促進の方法を決める（例）

広　告	セールス・プロモーション	ＰＲ	営業部隊	ダイレクト・マーケティング
Ⓐ 印刷、電波媒体 　パッケージ（外観） 　ポスター 　野外看板 Ⓘ ディスプレイ 　ＰＯＰ 　パッケージ内への差し込み Ⓓ カタログ、冊子	Ⓐ コンテスト、ゲーム 　懸賞、抽選 　プレミアム、ギフト 　サンプリング 　リベート 　接待 　下取り 　交換割引 　タイアップ Ⓘ ショー、展示会 　展示物 　デモンストレーション	Ⓐ プレスキット 　イベント 　ブログ 　アフィリエイト Ⓘ 慈善事業への寄付 Ⓓ スピーチ 　出版 　コミュニティ関係 　名刺、レターヘッド Ⓜ 広報誌 　セミナー	Ⓘ ショー、展示会 Ⓓ サンプル Ⓜ 販売会議 　セールス・プレゼン 　報奨制度	Ⓐ 電子ショッピング 　ＴＶショッピング Ⓓ カタログ 　郵便物 Ⓜ テレマーケティング 　ＦＡＸメール 　電子メール 　音声メール

3 章　視点を変え、新たなビジネスを生み出すフレームワーク

18 「製品ライフサイクル」で製品の価値を把握する

製品ライフサイクルは、製品が生まれてから消えていくまでのプロセス。あらゆる製品は、「導入期―成長期―成熟期―衰退期」のプロセスを経る。

製品ライフサイクルとは　企業の成長にとって新製品投入は不可欠

企業は新製品を絶え間なく発売しています。しかし、素朴な疑問として、新製品を絶え間なく発売することは必要なのでしょうか。新製品を投入しないとどうなるのでしょうか。製品は「導入期―成長期―成熟期―衰退期」の一生を送ります。**新製品を投入しないと、成熟期、衰退期の製品が増えて、売上や利益が下がってしまうのです。だから新製品の投入は不可欠**です。

ポイント　どの製品がどのライフサイクルの段階かを把握する

製品ライフサイクルの「導入期―成長期―成熟期―衰退期」の4段階において、どの製品がどのライフサイクルの段階かを把握することが大切です。成長期の段階の製品が最も利益を上げます。成長期の製品をいかに増やしていくかが、マーケティングでは重要です。

自社製品が、成熟期や衰退期ばかりになっては、事業がジリ貧状態に陥ります。新製品を投入する資金力が弱体化し、そして技術力が枯渇している可能性があります。事業の若返り策が不可欠です。

製品ライフサイクルは、**「導入期―成長期」の製品を常に持ち続けることの重要性**を教えてくれます。現行製品が売上好調だからといって油断してはいけません。油断したすきに、競合は虎視眈々と新製品投入で起死回生をねらっているのです。

アドバイス　製品ライフサイクルを若返らせるために対策する

「導入期―成長期―成熟期―衰退期」の各段階について考えてみましょう。

1つめの導入期は、新製品を投入した段階です。市場の認知度が低く、売上もわずかです。製品開発に投入した資金を回収できていないので、利益はマイナス

製品ライフサイクルを意識した商品戦略を立てる

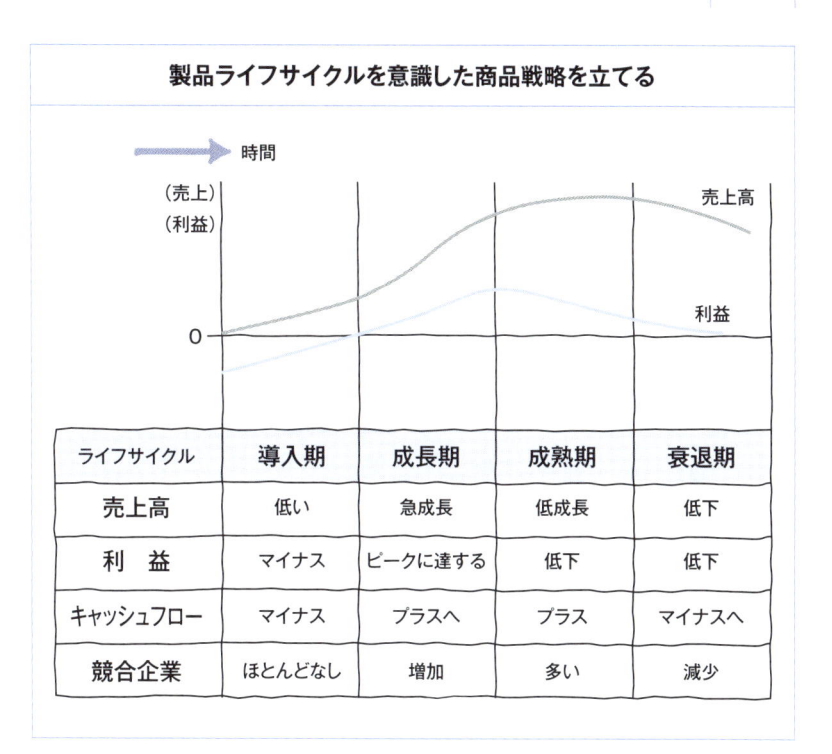

ライフサイクル	導入期	成長期	成熟期	衰退期
売上高	低い	急成長	低成長	低下
利益	マイナス	ピークに達する	低下	低下
キャッシュフロー	マイナス	プラスへ	プラス	マイナスへ
競合企業	ほとんどなし	増加	多い	減少

です。

2つめの成長期は、売上が急成長する段階です。市場から高い評価を得れば、成長期に入ります。売上も上がり、利益はピークに達します。

3つめの成熟期は、売上に陰りが見えてくる段階です。魅力的な市場だと競合が気づくため、後発参入が増加して過当競争により激しい価格競争が繰り広げられます。利益は徐々に低下します。

4つめの衰退期は、需要自体が減退し、売上と利益は激減します。衰退期に入ると撤退を視野に入れる必要も出てきます。新製品投入で、新しい需要を喚起することが不可欠です。

なお、成長期をできるだけ長く維持するための経営努力は必要です。たとえば、カップヌードルは、未来志向の広告、多様な味の新製品を投入することで、成長期を延命しようと経営努力をしています。

3章 視点を変え、新たなビジネスを生み出すフレームワーク

問題解決トレーニング　　　　　　　　　　　　　　　　Let's try!
ジリ貧の家電メーカーが挽回するには

問題発生！　値段も販売数も下がるマンネリ製品の家電メーカー

中堅家電メーカーのジリジリ電気では、ここ数年画期的な製品を販売していません。年2回、いままでの製品の性能をアップさせた新製品を発売するものの、なかなか売上が伸びません。

国内の家電市場は頭打ちといっても過言ではありません。中長期的に見ると、家電の価格は確実に下落して、コストダウンは限界に達しています。このような状況から抜け出す方法はないものでしょうか。

フレームワーク活用の手順

❶既存製品ごとに製品ライフサイクルの段階を判定する

まずは、既存製品ごとに製品ライフサイクルの段階を判定します。たとえば、冷蔵庫、エアコン、扇風機など、それぞれの製品群が「導入期―成長期―成熟期―衰退期」のどの段階かを推測します。

❷成熟期、衰退期の製品を若返らせるための施策を考える

成熟期、衰退期の製品に着目します。成熟期、衰退期の製品を若返らせるためには何をしなければいけないのかを考えます。たとえば、ダイソンの「羽のない扇風機」という画期的な新製品を考えれば、成長期に若返りも可能です。

❸製品ライフサイクルを若返らせる対策を考える

製品ライフサイクルを若返らせる対策を考えます。若返り策として、「新しい技術や機能の導入」「新しい用途の開発」「イメージの若返り」「復刻版」「海外進出による市場開拓」があります。

解決のコツ　あらゆる手で製品ライフサイクルを若返らせる

製品ライフサイクルを若返らせる対策の1つめ「新しい技術や機能の導入」は、

ダイソンの「羽のない扇風機」、「空気清浄機にもなる排気がきれいな掃除機」など、画期的な機能を導入することで需要を喚起します。

2つめの「新しい用途の開発」は、付加機能を付けることで、新しい用途を提案する方法です。たとえば、ふとん乾燥機は、乾燥だけでなく、ダニ退治機能を付加することで爆発的な人気になりました。

3つめの「イメージの若返り」は、未来志向や若者志向のイメージ広告の方法があります。カップヌードルは未来志向の広告、ポカリスエットは元気でさわやかな若者を広告起用することで、製品イメージの若返りを狙っています。

4つめの「復刻版」は、食品業界で今流行しています。20年前に流行したお菓子を復刻版で出して、成熟期から成長期に若返りを狙っています。

5つめの「海外進出による市場開拓」は、国内市場の成熟期に対抗する起死回生の一手です。これらの中から、最適な一手を早急に考えるべきでしょう。

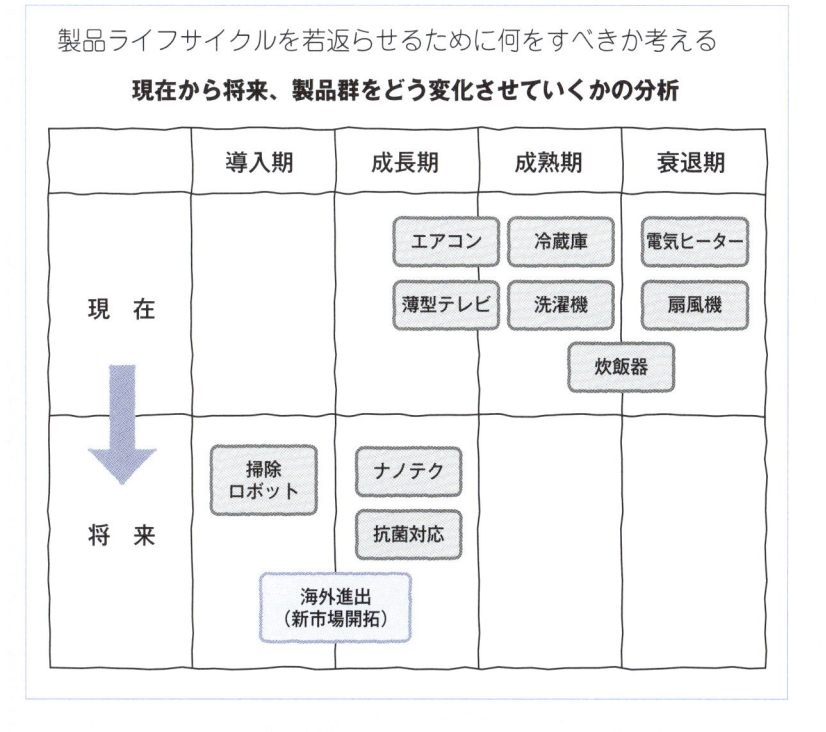

製品ライフサイクルを若返らせるために何をすべきか考える

現在から将来、製品群をどう変化させていくかの分析

	導入期	成長期	成熟期	衰退期
現　在		エアコン 薄型テレビ	冷蔵庫 洗濯機 炊飯器	電気ヒーター 扇風機
↓ 将　来	掃除ロボット 海外進出 （新市場開拓）	ナノテク 抗菌対応		

19 「イノベーター理論」は新製品が市場に普及するプロセス

イノベーター理論は、新製品が市場に普及するプロセスだ。「イノベーター→アーリーアダプター→フォロワー」の3つの顧客層の順に、製品の普及率が高まる。

イノベーター理論とは 「イノベーター→アーリーアダプター→フォロワー」

　新製品の普及は、イノベーター理論を知ることで、ターゲットとする顧客層を正しく認識することができます。**新製品が登場すると、イノベーターが飛びつきます。**イノベーターは、新製品にすぐ反応する顧客層です。次にアーリーアダプターが、イノベーターの様子を見て反応します。そして最後に、他人の意見を気にして追随するフォロワーが続きます。

ポイント 新製品に敏感な顧客か、評判しだいの顧客か

　イノベーター理論は、**どんな指向を持った人が商品を買っているかを理解し、マーケティングに活用**します。たとえば、アップル社のiPhoneが登場したときに飛びついたのがイノベーターです。イノベーターの心をつかむためには、便利さよりも「先進性」をアピールするほうが購買意欲をそそります。

　ある程度iPhoneが普及すると、アーリーアダプターが追随します。他人に自慢できることを重視するアーリーアダプターは、iPhoneを買って自慢話をしたいので、「かっこよさ」をアピールするほうが購買意欲をそそります。

　フォロワーは、他人の意見を気にして追随します。「みんな持っているよ。まだ買わないの？」をアピールするほうが購買意欲をそそります。

アドバイス イノベーターをつかんだら購買者の裾野を広げる

　「イノベーター」は、新製品にすぐ反応する顧客層です。市場規模は全体の10％です。主観的で自己完結型です。自分が欲しいかどうかで決めるオタクとかマニアックな顧客層です。オタクといえば、秋葉原で誕生した「ＡＫＢ４８」は、萌え系オタクが原動力となって誕生しました。

　「アーリーアダプター」は、イノベーターの様子を見て反応する顧客層です。市

イノベーター理論で市場熟成のタイミングを知る

	構成比	タイプ	特徴
イノベーター	10%	オタク マニア	新製品にすぐ反応する 主観的で自己完結型
アーリーアダプター	20%	流行好き	イノベータの様子を見て反応する 他人に自慢できることを重視する
フォロワー	70%	普通の人	他人の意見を気にして追随する

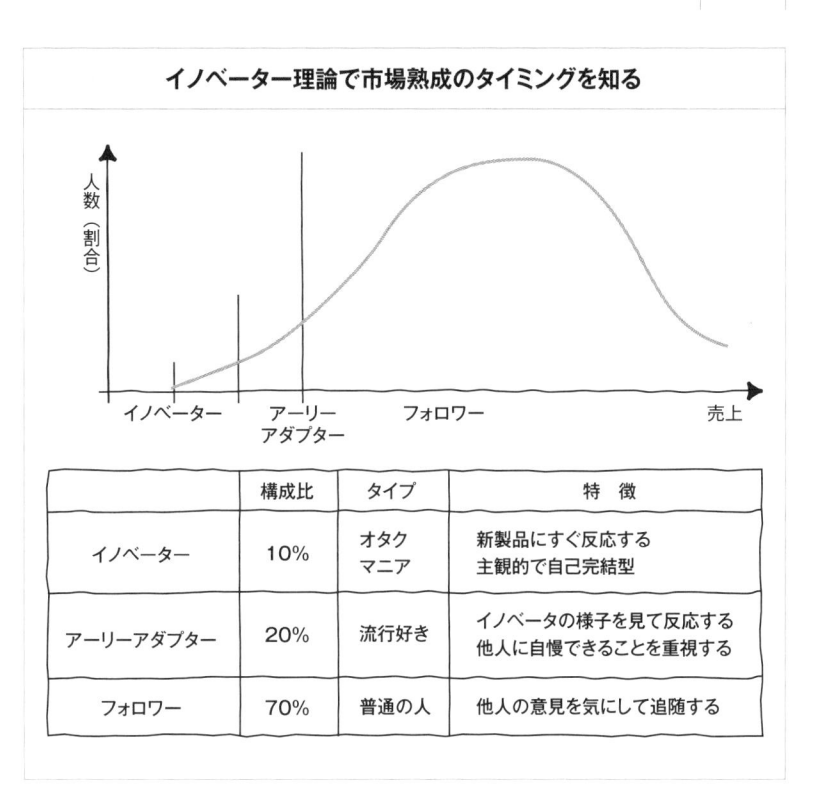

場規模は全体の20%です。他人に自慢できることを重視します。イノベーターから製品のよさをいち早く聞きつけたアーリーアダプターは、「早く買って知人に自慢しよう」という流行好きで見栄っ張りな顧客層です。

「フォロワー」は、他人の意見を気にして追随する顧客層です。市場規模は残りの70%です。みんなが買っているし、とても便利な製品なので、「他の人が言うなら自分も買ってみようかな」と考える顧客層です。他人の意見を気にして追随するので、製品の悪いウワサを聞くと、購買意欲がわきません。「もうみんなが持っているよ」に敏感に反応する顧客層です。

　ダイソンの「羽がない扇風機」も、まずイノベーターが飛びつきました。次に人に自慢するためにアーリーアダプターが追随していくでしょう。しかし、**普及率が高まり、かつ評判がよくない限り、フォロワーは追随しません。**

3章　視点を変え、新たなビジネスを生み出すフレームワーク

問題解決トレーニング　　　　　　　　　　　　　　　　　　Let's try!
マニアックな文房具の購買層を広げるには

問題発生！　一部のマニアにしか売れない文房具メーカー

　マニア文具製造株式会社は、斬新な新製品を次々と発売することで有名です。新製品を発売すると、あっという間に製品が完売します。しかし追加生産しても、次からはほとんど売れないのです。

　マーケティングの先生に聞いてみると、一部のマニアがいて、そのマニアが買っているのではないかというのです。マニアが買うと売れ行きがストップする、つまり、イノベーター理論のアーリーアダプターやフォロワーが買っていないのではないかというのです。

　たしかに、マニア文具製造が発売する製品は、オタク好みではあります。しかし、奇抜なデザインや新機能を追加することで、マニア文具製造のブランド力が高まってきたという自負はあります。さて、もっと広い購買層に売っていくためにはどうすればいいのでしょうか。

フレームワーク活用の手順

❶どのような顧客層が購買しているのかを把握する

　現在、マニア文具製造の製品を、どのような顧客が購買しているのかを大まかに把握します。年齢層（小中高生、大学生、若手、中高年）、業界、男女区分など、わかる範囲でかまいません。

❷今後の購買層に対する対策を考える

　現在の購買層だけでなく、今後の購買層に対する対策を考えます。おそらくいま買っている顧客層は、イノベーターでしょう。アーリーアダプターとフォロワーに広げていくための広告と商品改良が必要そうです。

❸製品改良やマーケティングにより購買層を拡大する

　アーリーアダプターとフォロワーに効果的な製品改良やマーケティングにより購買層を拡大します。なお、いままでの奇抜なイノベーターねらいの商品開発は

「イノベーター理論」は新製品が市場に普及するプロセス

継続し、アーリーアダプターとフォロワーにつなぎます。

解決のコツ 購買層ごとの対策をきめ細かく検討する

現在、どのような顧客層が購買しているのかを大まかに把握します。年齢層や男女区分など、わかる範囲でかまいません。

次に、現在の購買層と今後の購買層に対して、製品改良やマーケティングの視点で対策を考えます。アーリーアダプターとフォロワーに広げていくための対策が不可欠です。いままでの奇抜なイノベーターねらいの商品開発は継続し、アーリーアダプターとフォロワーにつなぎます。

新製品も、イノベーター向け、アーリーアダプター向け、フォロワー向けの仕様で、製品ラインナップを構築していくことが効果的です。また、マーケティングの広告も、イノベーター向けは「先進性」、アーリーアダプター向けは「所有して自慢する喜び」、フォロワー向けは「みんなが買っているので乗り遅れるな」というキャッチコピーが効果的です。イノベーター理論を理解したマーケティング戦略の構築が重要です。

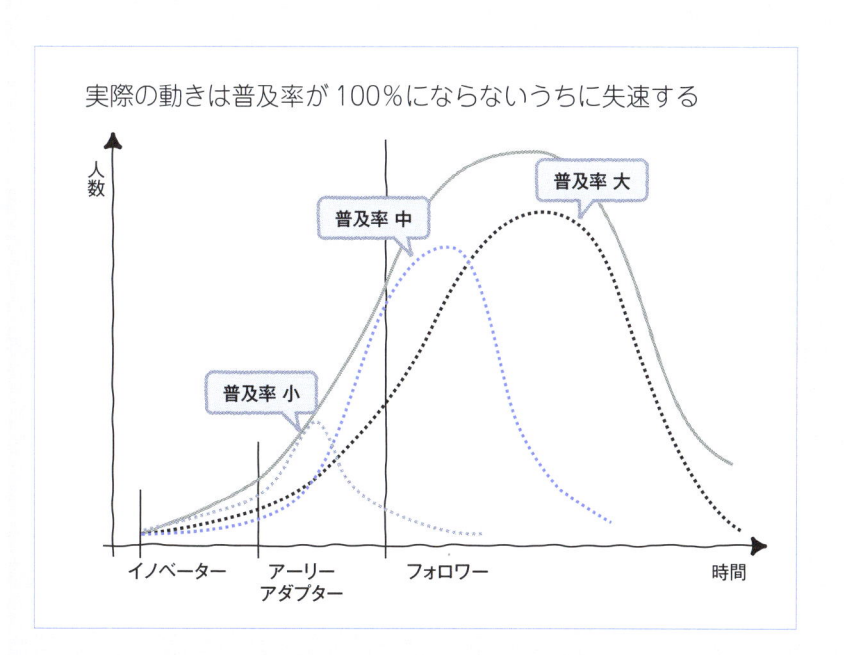

実際の動きは普及率が100％にならないうちに失速する

（縦軸：人数／横軸：時間）
普及率 小／普及率 中／普及率 大
イノベーター　アーリーアダプター　フォロワー　時間

技術立社を支える三新活動

　ＰＭマトリックスは、「既存・新規」「製品・市場」の組み合わせです。一方、化学メーカー日東電工の多角化の考え方は、「既存・新規」「製品・用途」です。市場を用途に置き換えることで、技術的な多角化戦略を打ち出しています。

　日東電工は、「グローバル・ニッチ・トップ」で有名です。グローバル・ニッチ・トップは、「成長するマーケットを選択し、その中のニッチ（隙間）な分野を対象に、日東電工グループ固有の差別化された技術を活かして世界ナンバーワンになる戦略」です。

「既存事業」に対して、「新製品開発」と「新用途開拓」を多角化軸にしています。そして、「新製品開発×新用途開拓」の組み合わせで、「新需要創造」を目指します。日東電工では、「新製品開発」「新用途開拓」「新需要創造」の３つを、三新活動として経営戦略の基軸にしています。

　三新活動を継続するには、新しいことに挑戦する時間が必要になります。そこで日東電工では、「15％ルール」と「30％ルール」を実施しています。

「15％ルール」とは、社員の持ち時間の15％を、三新活動に使うことを義務づけています。つまり、「新製品開発」「新用途開拓」「新需要創造」のために、15％の時間を使います。

「30％ルール」とは、15％の時間を使うことで、過去３年間の売上に対し30％以上の新製品売上高を占めることを義務づけています。新製品の定義は、「改良品、拡大品（市場を拡大する製品）、真水」の３つです。

　改良品と拡大品は、「新製品開発」「新用途開拓」に役立ちます。しかし日東電工では、「真水」の比率を高めることを推奨しています。真水とは、いままでにない新製品です。いままでにない新製品を増やすことで、「新需要創造」を目指すのです。

第 4 章

ビジネスの落とし穴を見つけるフレームワーク

20 経営資源の基本「ヒト・モノ・カネ・情報」

ビジネスを強化するためには経営資源の強化が不可欠である。経営資源は「ヒト・モノ・カネ・情報」の4つに分けられる。なお、「ヒト・モノ・カネ」を3M(スリーエム)ともいう。

ヒト・モノ・カネ・情報とは 経営資源を把握する4つの視点

ビジネスを強化するためには、経営資源である「ヒト・モノ・カネ・情報」の強化と有効活用が不可欠です。4つの視点で経営資源を把握することで、思考のモレを防ぎます。

ヒト(Man)、モノ(Material)カネ(Money)を3Mといいます。情報(Intelligence)は、インフォメーション(Information)よりも、インテリジェンスのほうがピッタリきます。インテリジェンスは、知識、技術、知的財産、情報データベースなどを含みます。

ポイント 経営資源全体を把握する

「ヒト・モノ・カネ・情報」は、経営資源全体を把握するフレームワークです。自社の経営資源を把握する場合、「ヒト・モノ・カネ・情報」を「強み・弱み(+要因・−要因)」に分けて分析するのも一案です。

自社の経営資源を武器にして、いかに投資対効果を高めるかは、企業の戦略において極めて重要です。

一方で、経営資源は有限です。**限られた経営資源をどう配分するかも重要**です。たとえば、お金だけに固執すると、「ヒト・モノ・情報」への投資がおろそかになり、経営は弱体化します。

なお、個人の資源は、「時間・お金」です。自分の時間とお金をどのように使うかが、個人にとって重要な戦略です。

アドバイス 経営資源を「ヒト・モノ・カネ・情報」で把握する

1つめの「ヒト(Man)」は、人数、専門知識、専門能力、スキル、目標達成能力などです。必要人員の確保、人材育成、能力開発など、人の資源を強化する

経営資源は「ヒト・モノ・カネ・情報」（3M+情報）

経営資源		説　明
3M	ヒト (*Man*)	人数、専門知識、専門能力、スキル、目標達成能力 資格（国家資格など）、人材育成の継続
	モノ (*Material*)	不動産（土地、建物）、研究設備 生産設備（機械）、材料、生産能力
	カネ (*Money*)	現預金、株式保有、債権・債務、資金調達力 株式公開、社債発行、金融信用枠
	情報 (*Intelligence*)	知識、技術、特許、知的財産、マニュアル 情報システム、情報データベース、顧客情報

● 個人の資源は「時間・お金」。タイム・イズ・マネーである

ことは重要です。

　2つめのモノ（Material）は、不動産（土地、建物）、研究設備、生産設備（機械）、材料、生産能力などです。製品を生み出す原動力となる設備、材料を強化することは重要です。

　3つめのカネ（Money）は、現預金、株式保有、債権・債務、資金調達力、株式公開、社債発行、金融信用枠などです。約10年前にキャッシュフロー経営（キャッシュ重視の経営）が有名になりました。しかし、キャッシュだけが重要ではありません。**「ヒト・モノ・カネ・情報」のバランスが重要**なのです。

　4つめの情報（Intelligence）は、知識、技術、特許、知的財産、マニュアル、情報システム、情報データベース、顧客情報などです。単なる情報よりも、インテリジェンスとしてとらえるほうが経営資源の定義にピッタリきます。

4章 ビジネスの落とし穴を見つけるフレームワーク

問題解決トレーニング　　Let's try!
拡大しすぎた事業規模を適正化するには

問題発生! 規模の拡大で借金返済に苦労している経営者

　ヤリスギ製造株式会社は、とにかく事業規模の拡大が大好きでした。製品販売が好調になると、とにかく生産設備の増強、中途採用者の大量雇用による規模の拡大に邁進します。

　しかし、米国のサブプライムローンの破綻により、日本経済も痛手を負いました。需要は衰退し、売上は40％も減りました。工場の設備は半分しか稼働しなくなり、ワークシェアリング（勤労者同士で雇用を分け合うこと）の導入によって、増えすぎた雇用を何とか維持しようと苦肉の策でしのいでいます。

　大規模な設備導入による借入金の返済も大きく経営にのしかかっています。売上が上がらなければ、運転資金が枯渇します。社長は、融資返済を軽減するよう、金融機関の交渉に日夜駆け回っています。

フレームワーク活用の手順

❶経営資源の状況を把握する
「ヒト・モノ・カネ・情報」で、経営資源の状況を把握します。「経営資源は有限」と考えなければ、投資バランスが崩れます。必要以上の借入金を作って、カネをマイナスにしたのでは、中長期的に問題を招きます。

❷経営資源の過不足を分析する
　経営資源の状況を把握したら、経営資源の過不足を分析します。ヤリスギ製造の場合、「ヒト」「モノ」が余剰、「カネ」がマイナス、「情報」は中立という状況でしょう。

❸経営資源を強化するための施策を考える
　経営資源を強化するための施策を考えます。「ヒト」「モノ」の余剰を解消して、マイナスの「カネ」を中立以上に改善する必要があります。遊休資産の売却など、かつての日産自動車のような抜本的な改革が必要です。

経営資源の基本「ヒト・モノ・カネ・情報」

解決のコツ 経営資源は有限であることから戦略を考える

　日産自動車は、いまから10年以上前にカルロス・ゴーン氏によって、画期的な黒字転換を果たしました。数千億円の赤字から1年で黒字転換させたのです。

　赤字の原因は、設備の過剰投資、高額な自動車部品による利益の圧迫でした。そこでゴーン氏は、いくつかの工場閉鎖と、自動車部品の仕入れ価格の20％ダウンを断行しました。かくして、数千億円の赤字体質を一気に黒字体質にしたのです。

　ヤリスギ製造の場合も、かつての日産自動車のような経営改革が必要なようです。「ヒト」の社員数を適正化すること、工場閉鎖のような思いきった決断で「モノ」を身軽にすること、そして、赤字のたれ流しを食い止めて、「カネ」を増やす施策が不可欠なようです。

ヤリスギ製造の経営改革

経営資源		経営資源強化の視点
3M	ヒト (*Man*)	思い切った人員削減、優秀な人材の確保、人材育成、社員満足度向上、モチベーション向上
	モノ (*Material*)	工場の閉鎖、遊休資産の活用（含む売却）、安値で調達、コストパフォーマンスの高い設備や材料の調達
	カネ (*Money*)	資産の売却などの資金確保、キャッシュフロー経営、債務返済、資金調達力向上 株式や社債の活用、本業で稼ぐ
	情報 (*Intelligence*)	技術力向上、特許や知的財産の向上と活用、知識力向上、情報システム＆データベース活用

4章 ビジネスの落とし穴を見つけるフレームワーク

21 「顧客・競合・自社」の視点で戦略の見落としを防ぐ

戦略のフレームワークに「顧客・競合・自社」の3Cがある。マーケティングを強化する場合なら、3Cにチャネルを加えて4Cをフレームワークに定義する考え方もある。

顧客・競合・自社とは 外の世界にも目を向ける

社内（中の世界）だけに目を向けていたのでは、顧客や競合の動きに鈍感になり、現状に居心地のよさを感じるようになります。「外部・内部」「グローバル・ローカル」のフレームワーク（P30）があるように、**外の世界に目を向けることも大切**です。戦略を考える場合、社内を自社（Company）、社外を競合（Competitor）と顧客（Customer）でとらえます。なお、チャネル（Channel）を加えてとらえることも効果的です。

ポイント あらゆる視点から戦略を見直す

3Cの「顧客・競合・自社」、4Cの「3C＋チャネル」は、**戦略立案時の見落としを防ぐための視点**です。

「顧客」の視点では、ターゲット顧客をどこに設定するのかが大きなカギをにぎります。顧客ニーズを的確に把握し、顧客満足度を上げるために何をすべきかを具体化する必要もあります。

「競合」の視点では、競合に対する競争力と差別化を維持するために、競合の動向を注視することが重要です。

「自社」の視点では、自社の戦略を立案し、経営効率化と、顧客に魅力ある商品やサービスを提供し続ける体制の両立が大切です。

「チャネル」とは、商品やサービスを顧客に届けるまでの、販売網や流通網です。チャネルをいかに強化してマーケティング力を高めるかは、企業の永遠の課題です。

アドバイス 3C、4Cをいかに育てていくか

3C、4Cをいかに構築するかは、戦略問題として重要です。では、4Cにつ

3C=「顧客・競合・自社」、4C=3C＋チャネル（Channel）

戦略のフレームワーク		説明	優先順位	
			過去	現在
4C	3C 競合 (*Competitor*)	業界内の競合他社、業界外の競合他社 ※業界外は代替製品の脅威がある	1	3
	自社 (*Company*)	自社の強みと弱みを理解すること ※強みを活かし、弱みを克服する	2	2
	顧客 (*Customer*)	顧客は2種類（採択者とエンドユーザー） 顧客を見失った経営は顧客が離れる	3	1
	チャネル (*Channel*)	製品を顧客に届けるまでの販売網や流通網 ※店舗販売、無店舗販売の2種類がある		

いて、もう少し詳しく考えてみましょう。

競合（Competitor）は、業界内の競合他社、業界外の競合他社の2つに目を向けることが肝要です。たとえば、冷蔵庫の競合は、同業他社だけではありません。顧客の財布は1つです。ゲーム機にお金を使うか、冷蔵庫にお金を使うかによって、**ゲーム機メーカーが競合にもなり得る**のです。

自社（Company）は、自社の強みと弱みを理解することです。強みを活かし、弱みを克服するために何をすべきか、経営戦略上、自社の競争力を高める必要があります。

顧客（Customer）は、2種類あることの認識が重要です。1つめは、商品を販売してくれる販売店などで、採択者ともいわれます。2つめは、商品を実際に使用するエンドユーザーです。

チャネル（Channel）は、製品を顧客に届けるまでの販売網や流通網です。大きく分けて店舗販売と無店舗販売の2種類があります。どのチャネルをどのようにして強化するかは、経営戦略上重要です。

問題解決トレーニング Let's try!
狙い通りに業務効率化を進めるには

問題発生! 事務の合理化で売上が落ちた医療機器メーカー

ガデン医療株式会社は、本社管理費、営業管理費が多すぎるという公認会計士の指導で、事務の合理化に着手しました。組織改革を伴う業務改革は順調に進み、新体制が整いました。

しかし、新体制発足後、大きな問題が発生しました。顧客である医療機関から、問い合わせ窓口がわからないという指摘を受けたのです。いままでの営業担当者が変更されたことが大きな原因のようです。

いままでの営業体制は、病院や医師の専属担当制でした。たとえば、ヨセギ病院の営業担当は1名で、すべての機器の販売を担当していました。しかし新体制では、医療機器別の営業体制にしたのです。たとえば、MRI、CTのような画像診断機器の担当、手術室機器の担当、注射器などの消耗品担当のように、機器別の担当制に変更しました。病院や医師たちは、ガデン医療の新体制に戸惑うばかりです。

フレームワーク活用の手順

❶改革方針をいろいろ出してみる

組織改革や業務改革を行う場合、改革方針をいろいろ出してみます。可能であれば、うまくいっていると思われる同業他社や外資系企業をリサーチして、改革のヒントを得るのも一案です。

❷4Cの視点で方針が与える影響を考える

4C(3C+チャネル)の視点で方針が与える影響を考えます。ガデン医療の場合、顧客の視点が欠落していること、また営業と病院間のチャネルが複雑になりすぎたことが問題点としてあげられます。

❸顧客やチャネルの視点を見失わないように方針を決定する

顧客やチャネルの視点を見失わないように方針を決定することが肝要です。自

「顧客・競合・自社」の視点で戦略の見落としを防ぐ

社内の合理化の視点だけでは、間違った方針で改革に暴走してしまいます。顧客から見たチャネルのシンプルさが不可欠です。

解決のコツ　顧客にやさしい改革を推進するべき

改革の目的の多くは、売上を上げ、収益を高めることです。コストダウンを優先すると、売上を下げ、収益を低めてしまう心配があります。

ガデン医療は、医療機器別の営業体制にすることで、部門採算性が容易に把握できるという自社都合で組織を変更してしまいました。しかしこれでは、顧客にとって営業窓口が複雑化してしまいます。顧客が求めているのは、病院単位でのトータルソリューション（問題解決）です。機器単体が欲しいのではなく、病院としての機能向上とコストダウンを両立することを求めているのです。

顧客の視点で改革を推進しなければ、改革ではなく改悪になってしまいます。

コールセンターを作れば、病院から問い合わせできると考えるかもしれません。しかしコールセンターを作っても、設備導入の相談はガデン医療にしようとはしないでしょう。関係の深い営業担当者のほうが相談しやすいからです。他の医療機器メーカーのほうが顧客フレンドリー（顧客にやさしい）であれば、そちらと話を進めます。元の体制に戻さなければ、ガデン医療は孤立します。

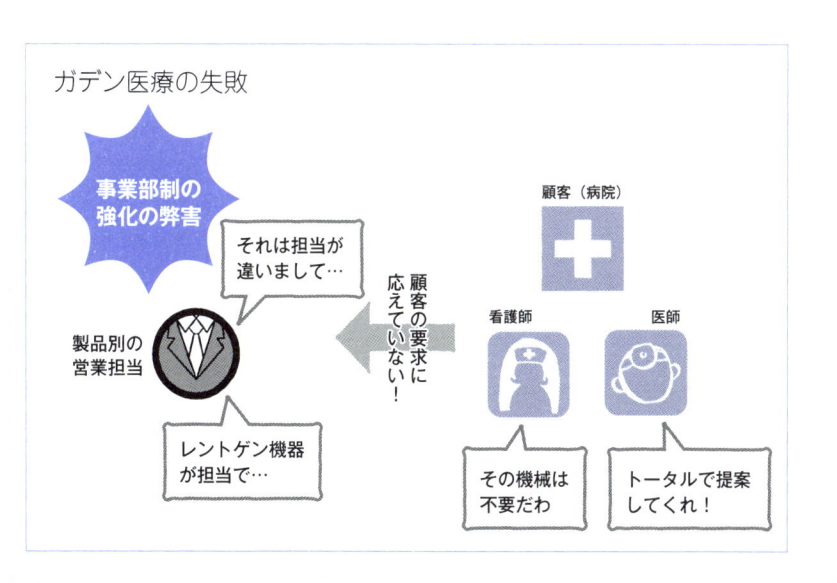

ガデン医療の失敗

事業部制の強化の弊害

製品別の営業担当

「それは担当が違いまして…」
「レントゲン機器が担当で…」

顧客の要求に応えていない！

顧客（病院）

看護師「その機械は不要だわ」
医師「トータルで提案してくれ！」

22 「再建・売却・撤退」は既存ビジネスの経営改革の基本

発明家エジソンが創業者で、有名な元ＣＥＯのジャック・ウェルチ氏が率いたＧＥ（ゼネラル・エレクトリック）では、「再建・売却・撤退」の３つの選択肢で事業を再建している。

再建・売却・撤退とは 思いきった事業再生の選択肢

思いきった事業の再構築の選択肢に、**「再建・売却・撤退」**があります。「再建」は業界でナンバーワンになる、「売却」は事業価値が高いうちに売却する、「撤退」は売却できなくても撤退するという選択肢です。

ＧＥでは、事業を存続させる大前提は、業界でナンバーワンになることです。ナンバーワンになれないのなら存続する価値はないという強い信念を持って事業に取り組んでいます。

ポイント 存続だけが経営改革ではない

赤字事業を存続させようとしても、なかなか黒字転換できない事業が出てきます。そこで、どの事業を存続させ、どの事業を売却ないし撤退するかを決めます。

日本企業では、売却や撤退の頻度は極めて低いのですが、欧米企業では日常茶飯事に売却や撤退が行われています。**経営の抜本対策を短期間で実施するには、再建による事業の存続だけが選択肢ではありません。**

売却と撤退の候補にふさわしいのは、自社の本業（事業領域）ではない分野の事業です。本業重視の経営のため、本業に無関係に多角化した事業を売却・撤退することは、経営戦略的には王道とされています。

アドバイス 再建するならナンバーワンを目指す

「再建」を選択するのであれば、事業を継続して、業界でナンバーワンになるという決意を持って存続します。「売却」を選択するのであれば、事業価値が高いうちに売却して事業資金を回収します。「撤退」を選択するのであれば、赤字のたれ流しを一刻も早く食い止めるために撤退します。

銀行の場合、不良債権を短期間で減らすためにとられた方法が、「再建・売却・

経営改革の究極の選択肢「再建・売却・撤退」

【再建】
事業を継続するのなら、業界でナンバーワンになれ！

【売却】
ナンバーワンになれないのなら事業価値が高いうちに売却して事業資金を得ろ！

【撤退】
再建も売却も難しいなら、赤字のたれ流しを食い止めるために即撤退せよ！

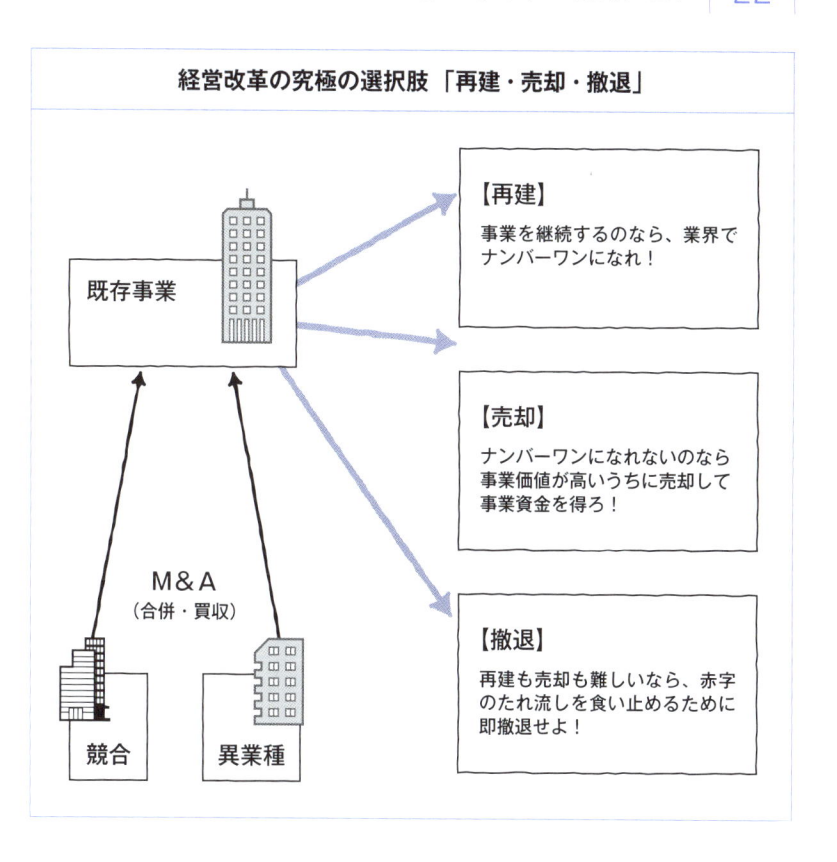

既存事業 ← M&A（合併・買収）← 競合／異業種

撤退」です。1つめの「再建」は、優良債権は存続させて回収することです。2つめの「売却」は、やや不良債権をノンバンクなどに格安で売却します。そして3つめの「撤退」は、不良債権の放棄です。

売却や撤退ばかりしていては、どんどん事業規模が小さくなるのではないかと心配される方も多いでしょう。

ＧＥでは、「再建・売却・撤退」に「買収」が加わります。買収をすることで巨大化します。買収によって増えた余分な事業、経営効率が悪い事業、遊休資産などを、思いきって「再建・売却・撤退」の選択肢にあてはめて意思決定するのです。正確には、**「買収・再建・売却・撤退」の4つの選択肢が最もモレやダブりがなくミッシー**といえます。

問題解決トレーニング　Let's try!
手を引くべき「衰退事業」はどれか

問題発生！　公衆電話に力を入れすぎた電話機メーカー

ヤメナイ電機は、公衆電話ではトップを争う優良企業でした。しかし携帯電話の普及により、公衆電話の新設が激減しました。いまやポケベル、銀塩カメラのように、絶滅危惧種といっても過言ではありません。

ヤメナイ電機は、公衆電話のおかげで創業時から長期間にわたり利益を享受してきました。しかし、現在の公衆電話事業の売上は最盛期の5％を切りました。

ヤメナイ電機の現在の主な事業は、インターネットや携帯電話のデジタル通信機器の接続器です。一応こちらが本業といいたいのですが、ヤメナイ電機はオーナー企業のため、3代目社長の強い要望で、売れもしない公衆電話を作り続けています。

フレームワーク活用の手順

❶衰退事業、競争力が弱い事業を明確化する

自社の事業を「自社が強い事業・自社が弱い事業・衰退期の事業」に分けてみます。自社が強い、または弱い事業の場合は、事業自体が衰退期ではないという条件が加わります。

❷売却・撤退する事業を絞り込む

「自社が強い事業」は再建、「自社が弱い事業」は売却、「衰退期の事業」は撤退を視野に入れます。撤退といっても、投資資金が回収できる場合は、売却して少しでも投資資金を回収します。

❸売却・撤退の推進、残す事業はナンバーワンを目指す

「自社が強い事業」は再建します。再建する事業は業界ナンバーワンを目指します。ある政治家の事業仕分けでの「2位ではダメですか？」ではなく、ナンバーワン戦略が利益を上げるための戦略の定石です。

「再建・売却・撤退」は既存ビジネスの経営改革の基本

解決のコツ 売却・撤退すべき事業は継続するな

　続けるべき事業、売却や撤退すべき事業は、企業によって異なります。勝ち組事業であれば、事業は存続すべきです。負け組事業であれば、事業は売却や撤退すべきです。

　経営資源（ヒト・モノ・カネ・情報）は限られています。限られた経営資源をどの事業に配分していくかは、経営戦略上の意思決定です。

　ＧＥでは、事業の売却と撤退において、下図のような評価を行います。座標軸上に、縦軸に「事業の魅力度」、横軸に「自社の強さ」をとります。そして、「大・中・小」の指標を加えます。

　左下は、「魅力度小・強さ小」です。左下半分は、売却や撤退候補になります。右上は、「魅力度大・強さ大」です。優先死守でナンバーワンを目指します。「魅力度大・強さ中」は成長投資、「魅力度中・強さ大」は利益最大化を目指すのがＧＥ流の経営戦略です。

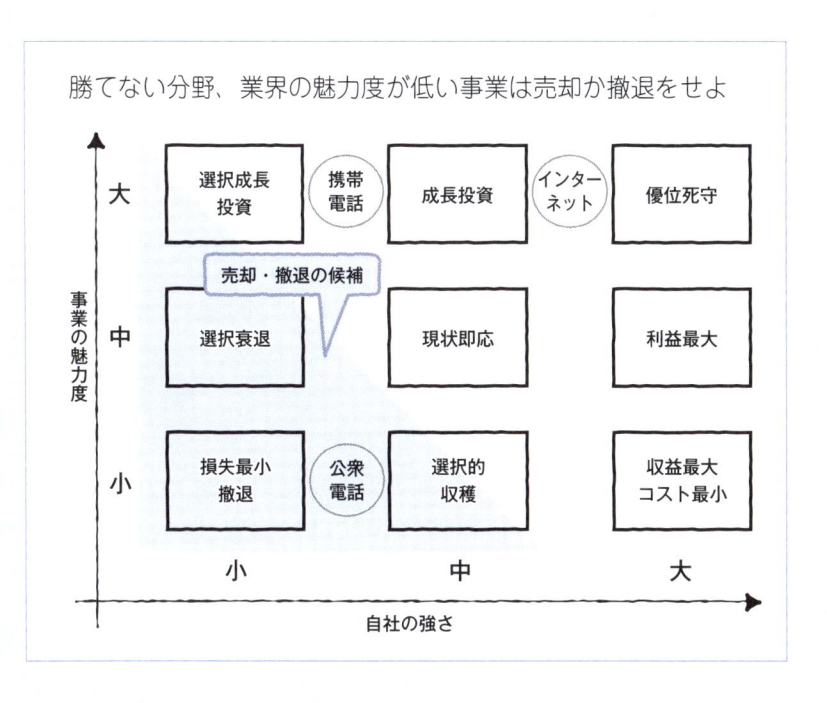

勝てない分野、業界の魅力度が低い事業は売却か撤退をせよ

事業の魅力度	小	中	大
大	選択成長投資 （携帯電話）	成長投資 （インターネット）	優位死守
中	選択衰退【売却・撤退の候補】	現状即応	利益最大
小	損失最小撤退 （公衆電話）	選択的収穫	収益最大コスト最小

自社の強さ

23 「マーケティングの4P」で販売力を強化する

マーケティングとは売れる仕組み作りのことだ。マーケティングの4Pを耳にしたことのある人は多いかもしれない。4Pとは製品（Product）、価格（Price）、チャネル（Place）、プロモーション（Promotion）である。

マーケティングの4Pとは　マーケティングに必要な要素を再確認

4Pは、マーケティングのフレームワークです。4Pでマーケティングを考えることで、**マーケティングに必要な要素のモレを発見**できます。すごい製品を個人で発明したとします。しかし、製品（Product）だけでは不十分です。どこで販売するのかというチャネル、消費者に情報を伝えるプロモーション（販売促進）がなければ、売れるしくみは作れません。

ポイント　4Pで売れる仕組みを作る

マーケティング戦略は、大きく3つのプロセスを経て立案します。

1つめは、市場のリサーチです。リサーチによって、マーケティング戦略に必要な情報を収集します。

2つめは、ターゲット顧客（市場）を絞り込みます。若者層か、シルバー層か、ターゲット顧客を明確にすることで、製品コンセプトも異なってきます。

3つめに、4Pをどう構築するかを設計します。製品、価格、チャネル、プロモーション戦略をどうするかを明確化します。**4Pのすべてが機能しなければ、売れる仕組みは構築できません。**

アドバイス　売れるかどうかは4Pしだい

4Pについて、もう少し詳しく考えてみましょう。製品（Product）は、商品やサービス、ブランドイメージなども含む広い概念です。種類、品質、デザイン、特徴、ブランド名、パッケージ、サイズ、サービス、保証、返品などが含まれます。

価格（Price）は、価格だけでなく、クレジット販売の条件なども含みます。表示価格、値引き、流通への割引、支払い期限、信用取引条件などです。ネット販売の「楽天」が、**クレジット利用で簡単に購入できるのも、価格戦略の一種**です。

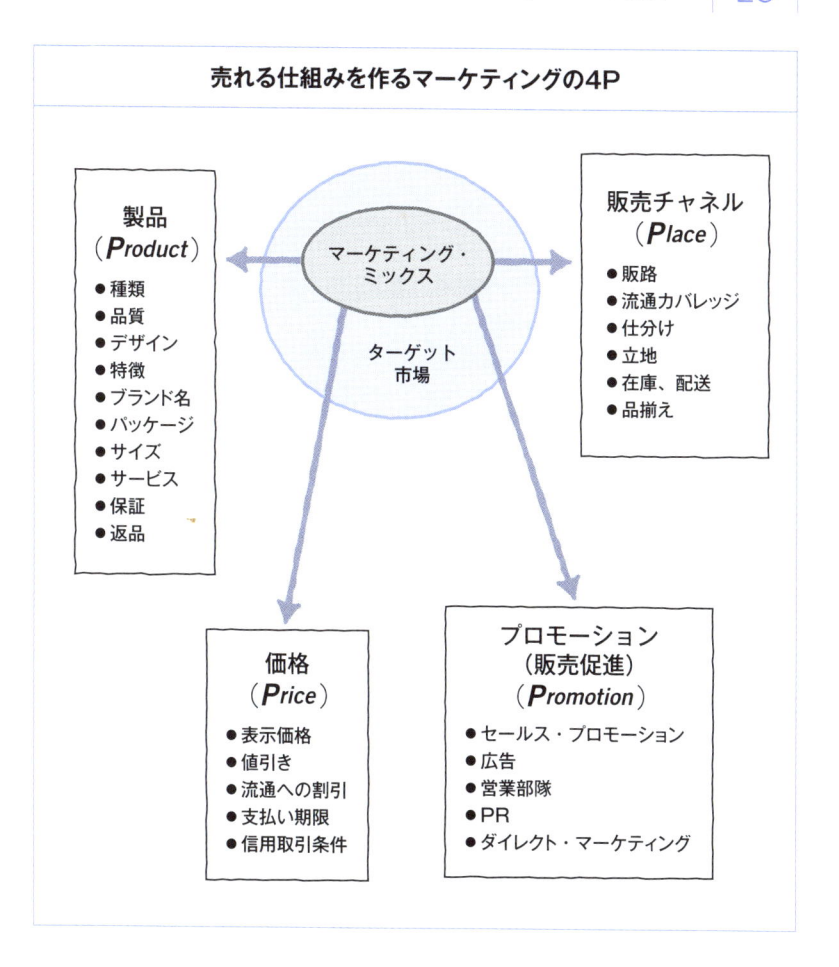

売れる仕組みを作るマーケティングの4P

製品（Product）
- 種類
- 品質
- デザイン
- 特徴
- ブランド名
- パッケージ
- サイズ
- サービス
- 保証
- 返品

販売チャネル（Place）
- 販路
- 流通カバレッジ
- 仕分け
- 立地
- 在庫、配送
- 品揃え

価格（Price）
- 表示価格
- 値引き
- 流通への割引
- 支払い期限
- 信用取引条件

プロモーション（販売促進）（Promotion）
- セールス・プロモーション
- 広告
- 営業部隊
- PR
- ダイレクト・マーケティング

マーケティング・ミックス / ターゲット市場

　チャネル（Place）は、製品を顧客に届けるまでの販売網、流通網です。販売チャネルというほうがわかりやすいかもしれません。販路、流通カバレッジ、仕分け、立地、在庫、配送、品揃えなどが含まれます。

　プロモーション（Promotion）は、販売促進です。セールス・プロモーション、広告、営業部隊、PR、ダイレクト・マーケティングなどが含まれます。

　4Pをどのように設計して構築するかは、マーケティング戦略の基本です。売れるしくみ作りは4Pしだいなのです。

4章　ビジネスの落とし穴を見つけるフレームワーク

問題解決トレーニング　　　　　　　　　　　　　Let's try!
新規事業の「成功確率」を高めるには

問題発生!　浄水器がまったく売れなくて悩んでいる会社

　ギジツ精機は、自動車部品や精密部品を製造販売している部品メーカーです。自動車メーカー、精密機器メーカーにチャネルを有し、高い技術力が定評です。

　ギジツ精機は、昨年の暮れ、満を持して新製品の浄水器を開発しました。いままで浄水器は作っていなかったのですが、技術的には自信があったので開発したのです。

　しかし3ヶ月経っても、浄水器は売れません。浄水器のターゲット顧客は、家庭の主婦層です。よく考えてみると、ギジツ精機は自動車や精密機器メーカーを顧客とする産業財を作ってきたため、一般家庭で使う消費財は一切販売してきませんでした。どこで、どうやって販売すればいいのかが悩みです。

フレームワーク活用の手順

❶ターゲット顧客を明確化する

　まずターゲット顧客を明確化します。浄水器は一般消費財であり、自社のいままでの顧客とはまったく異なります。そのため製品を顧客に届けるチャネルがまったくないのです。本来は安易に手出しをしないほうがいい分野です。

❷マーケティングの4Pをどう構築するかを考える

　すでに浄水器は完成したので、ターゲット顧客を一般家庭とせざるを得ないようです。そこで、ターゲット顧客に製品を販売するチャネル、価格を決め、販売促進をどうするかを決めます。

❸マーケティングの4Pを機能させて売れる仕組みを作る

　マーケティングの4Pを構築して、売れる仕組みを作ります。今回の浄水器は、ゼロから販売店のチャネル開拓をする必要があります。ホームセンター、家電量販店などの販路の開拓は容易ではないでしょう。

解決のコツ 通販会社と提携して４Ｐを構築する

　ギジツ精機が販売に苦戦しているのは、もっともな理由があります。ＰＭマトリックス（P82）を思い出してください。「既存・新規」×「製品・市場」でマトリックスを作り、多角化分析するフレームワークです。右下の枠は「新規製品・新規市場」で、最も成功率が低い多角化です。ギジツ精機の多角化は、右下の枠の多角化だったのです。最初から大苦戦がわかっていたわけです。

　本来は、「新規製品・新規市場」の多角化は、ゼロからやってもうまくいきません。消費財の販売チャネルをすでに保有している企業を買収するのであれば、既存市場になるので、成功率は高まったはずです。ともあれすでに、新製品の浄水器は完成しています。早く販売して、開発費を回収したいところです。

　ギジツ精機はその後、通信販売会社と販売提携しました。通信販売会社が、販売チャネルとプロモーションを代行してくれることで一件落着したようです。

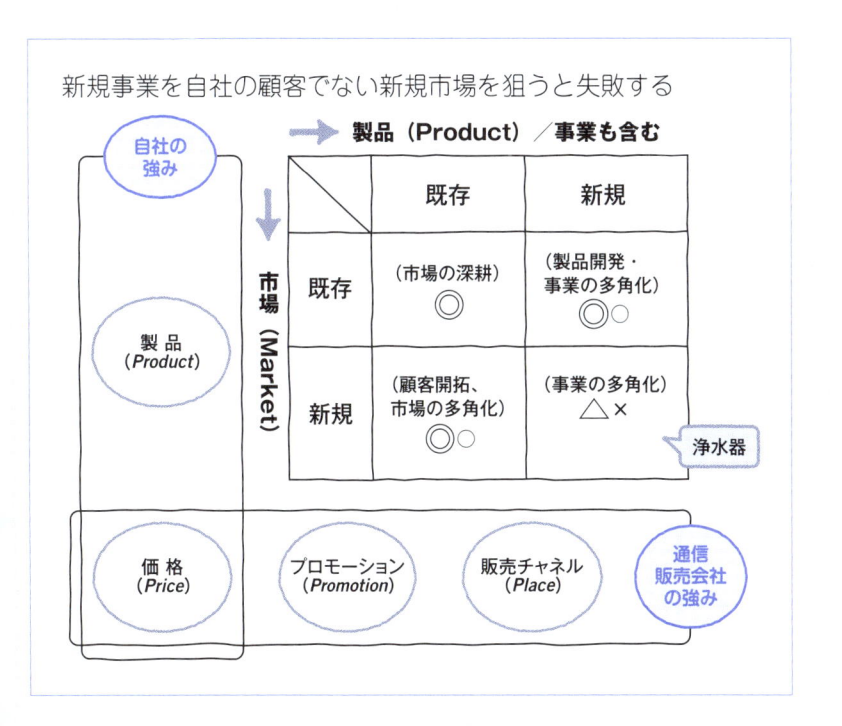

新規事業を自社の顧客でない新規市場を狙うと失敗する

市場(Market) \ 製品(Product)／事業も含む	既存	新規
既存	（市場の深耕）◎	（製品開発・事業の多角化）◎○
新規	（顧客開拓、市場の多角化）◎○	（事業の多角化）△× 浄水器

自社の強み：製品(Product)

価格(Price)／プロモーション(Promotion)／販売チャネル(Place)／通信販売会社の強み

24 「QCD」でビジネスの品質を高める

「QCD」は仕事の品質を表す。仕事をQCDで評価してみよう。Q（Quality；品質）、C（Cost；コスト）、D（Delivery；納期）がQCD。QCDに、S（Speed；早さ）、P（Product；製品）を加える場合もある。

QCDとは 仕事の品質を確保するための視点

Q（品質）、C（コスト）、D（納期）は、**仕事の品質**です。いくら高品質（Q）の製品を作っても、コスト（C）が高ければどうでしょうか。販売価格が高くなって売れないか、安売りをして儲からないかのどちらかになります。また、納期（D）が遅れたらどうでしょうか。先月末に新発売といっておきながら、今月に発売がずれ込んだのでは、営業担当者は販売店への苦情対応に四苦八苦します。

ポイント 「QCD」をバランスよく高める

「QCD」をバランスよく高めることで、顧客の評価が得られます。いい仕事をするためには、**QCDの視点で仕事の品質管理を行う**必要があります。

身近な仕事で考えても、QCDの重要性はわかります。頼んだ仕事の出来栄え（Q）が悪ければ論外です。次に、予算以上に経費や人件費を（C）かけたのであれば、効率が悪いやり方といえるでしょう。そして納期遅れ（D）も論外です。いくらいい品質（Q）でも、納期遅れは信用を失います。また、待っている人たちに迷惑をかけます。

「こんなにいい仕事をしたのに人から仕事が評価されていない」と感じている人は、自分の仕事のやり方を振り返って、QCDの総点検が必要です。

アドバイス 「S・QCD」と「P・QCD」もある

仕事の品質は「QCD」で決まるのですが、広義のQCDとして、「**S・QCD**」と「**P・QCD**」があります。

「S・QCD」のSは**スピード（Speed）**です。QCDにスピードを加えると、仕事の質が一段と上がります。D（納期）とS（スピード）の違いは何でしょうか。

たとえば、「受注後、1週間後に納品します」というのはD（納期）です。一方で、

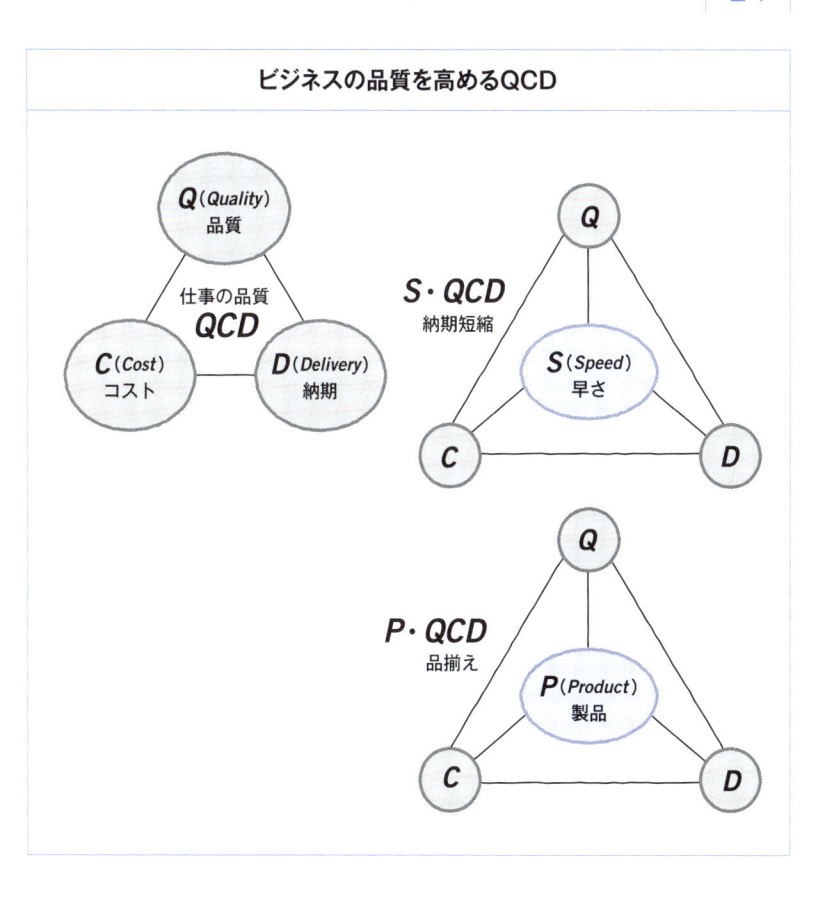

ビジネスの品質を高めるQCD

Q(Quality) 品質
C(Cost) コスト
D(Delivery) 納期
仕事の品質 **QCD**

S・QCD 納期短縮
S(Speed) 早さ
Q / C / D

P・QCD 品揃え
P(Product) 製品
Q / C / D

S（スピード）は、「受注の3日後に納品します。いままでは1週間後でしたが、今月から納期を短縮しました」ということです。

「P・QCD」のPは**製品（Product）**です。「品揃え」と解釈してもかまいません。P（製品）は、顧客が求める製品（品種や仕様）を欠品なく品揃えするという意味です

自分の仕事の「S・QCD」を高める工夫をすると、人から高く評価されるようになります。たとえば、相手が期待する納期が1週間後だったら、「4日後の納期で大丈夫です」というように、S（スピード）を加えていくのです。同程度の品質とコストであれば、早いほうが評価されます。

問題解決トレーニング Let's try!
「仕事が丁寧すぎる人」の方法改善とは

問題発生! 仕事が丁寧だが評価されないヒトシ君

まじめで仕事が丁寧なのに、上司や顧客から評価されないヒトシ君。お酒を飲むといつもグチが出ます。

「もうイヤになるよ。何でオレばかりが忙しい思いをして、怒られないといけないんだ。こんなにいいアウトプットを出しているのに」

上司からは、「あのねヒトシ君、仕事は君の趣味ではないんだよ。こだわりはいい加減にして、時間を守ってくれないかな」と、諭される毎日です。

顧客からは、「いま頃提案書を持ってこられても困るよ。君が約束の日までに持ってこないから、他社に発注してしまったよ。残念だったね」と、提案書を無視される始末です。ヒトシ君は、社会の理不尽さに悩んでいます。

フレームワーク活用の手順

❶ まず求められている「QCD」を確認する

まず仕事に着手する前に、求められている「QCD」を確認します。どのような品質（Q）や仕様のアウトプットが求められているのか。予算（C）はどれくらいか、納期（D）はいつかを確認します。

❷ 「QCD」の優先順位を考える

「QCD」に優先順位を付けます。高い品質（Q）が求められる仕事なのか、できるだけ安く（C）仕上げたいのか、納期（D）はもっと早めなくてもいいのかを問いかけます。

❸ 「QCD」のトレードオフを考えながら仕事をする

仕事は「QCD」のトレードオフ（二律背反）です。高い品質（Q）にこだわりすぎると、コストや納期が超過するかもしれません。品質が低いと、やり直しや手直しが多発して、コストや納期に悪影響を与えます。

「QCD」でビジネスの品質を高める　24

解決のコツ　仕事の品質をバランスよく高める

「QCD」が仕事の品質だと知っているみなさんは、すでにヒトシ君の問題に気づいているでしょう。ヒトシ君は、仕事の出来ばえである品質（Q）にしか注意が向いていません。「QCD」の視点から仕事の品質をバランスよく高めることが必要です。

まず仕事に着手する前に、求められている「QCD」を確認します。品質（Q）は、仕上がり具合だけでなく、ニーズやスペック（仕様）についても、依頼者に確認すべきでしょう。

そして、予算（C）はどれくらいか、納期（D）はいつかを確認します。「QCD」に優先順位を付け、「QCD」のトレードオフを考えながら仕事をします。ヒトシ君のように、過剰品質を目指して、コストと納期をおろそかにしてはいけません。依頼者が品質（Q）に満足する最低限の品質を確保しつつ、低コストと短納期を目指すのが、変化が早い今日の仕事のスタイルといえます。

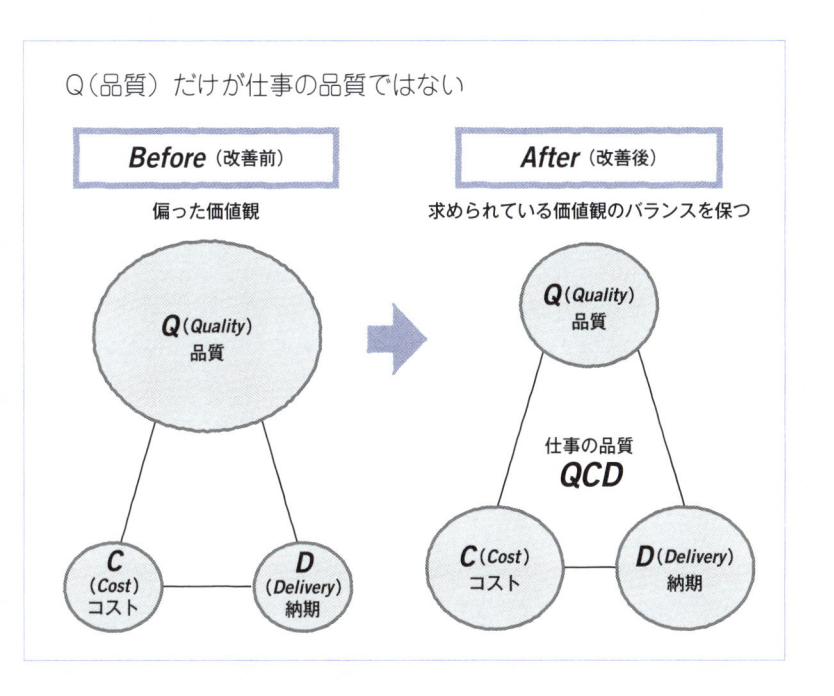

Q（品質）だけが仕事の品質ではない

Before（改善前）　偏った価値観

- **Q**（*Quality*）品質
- **C**（*Cost*）コスト
- **D**（*Delivery*）納期

After（改善後）　求められている価値観のバランスを保つ

仕事の品質 **QCD**

- **Q**（*Quality*）品質
- **C**（*Cost*）コスト
- **D**（*Delivery*）納期

25 「Win・Lose」で取引先との関係を改善する

「Win・Lose」の2つの視点でビジネスパートナーとの関係を評価することができる。Win（勝ち）の関係なら良好、Lose（負け）の関係なら取引しないのが、良好なパートナーを見つける原則である。

Win・Loseとは　良好な人間関係を構築する第一歩

「Win・Lose」の2つの視点は、個人同士の関係、企業同士の関係のどちらでも使えます。

人間関係において、自分にとってWin（メリットがある）関係の人は誰ですか？　逆にLose（メリットがない）関係の人は誰ですか？　付き合うと疲れる人や、会うと時間を損したと感じる人との関係はLoseの関係です。自分にとってWinの関係が成り立つ人と付き合うことをおすすめします。

ポイント　Win-Winの関係を構築することを目指す

「Win・Lose」の2つの視点は、自分と他人の組み合わせで使います。Win-Winの関係は、自分も相手にもいい関係です。Win-Loseの関係は、自分はメリットがあるが、相手にデメリットを押しつける関係です。

Lose-Winの関係は、自分はデメリット、相手にだけメリットがある関係です。Lose-Loseの関係は、双方がデメリットを感じる関係です。

目指すのはWin-Winの関係です。 Win-Winであれば、双方がメリットを享受できるので、無理をしないでも関係が長続きします。

アドバイス　Loseを避けるべき理由とは

まずLose-Loseの関係は、論外だとわかります。では、Win-LoseやLose-Winの関係は、なぜおすすめできないのでしょうか。

どちらか一方がLoseになると、不満のしわ寄せがきます。しわ寄せが続くと自分のWinは消滅し、しだいにLose-Loseの関係に近づいていくのです。

Win-Loseの関係で考えてみましょう。たとえば、量販店が食品メーカーに無理な値下げを要求したとします。要求が通れば、一時的に量販店はWin、食品メー

Win(勝ち) - Lose(負け)を脱却し、Win-Winの関係を目指せ

Good !

Win-Winの関係

双方にメリットがある関係

双方にストレスなく長続きする

Win＝勝つ、儲かる、メリットがある

Bad !

Win-Loseの関係

自分が勝って、相手が負ける
（強引に勝ちを取りに行く）

Lose＝負ける、損をする

Lose-Winの関係

自分が負けて、相手が勝つ
（勝ちを相手にゆずる）

↓ 結果

Lose-Loseの関係

双方が損をする関係

カーはLoseになります。

　しかし、Loseの食品メーカーには不満が残ります。そこで、品質を低下させることで、無理なコストダウンによって利益を捻出しようとします。その結果、量販店は「安かろう悪かろう」の商品を扱うことにより顧客から見放されます。結果的に、量販店もLoseになるのです。

　Lose-Winの関係でも、同様なことが起きます。どちらか一方でもLoseになる場合は、No Deal（取引しない）ことが最善策です。結論からいえば、**「Win-Win or No Deal」の意思決定がベスト**なのです。

問題解決トレーニング　　　　　　　　　　　　　　Let's try!
強引な取引先とベストな関係を築くには

問題発生!　強引な価格交渉に思い悩むゼネコンの下請け会社

ムリダ建設は、下請け企業を多数抱えるゼネコンです。受注した建築物件は、総合管理は自社で行いますが、95％以上の工事は下請け企業に請け負わせます。

かつて同社は経営破綻寸前まで経営が悪化しました。しかし、政府のゼネコン救済が発動され、公的資金注入と、銀行の債権放棄によってゾンビのごとく生き返ったのです。

ムリダ建設はノリノリ状態です。「受注金額はいくら下げてもいいから、仕事をとってこい」と、社長は営業に発破をかけています。見積金額の20％、30％引きは当たり前です。そして値引きのしわ寄せは、下請け企業にきます。下請け企業が見積もりを出すと、「半額以下でやれ」というのです。下請け企業側は、このままでは企業活動が維持できなくなると考え、頭を悩ませています。

フレームワーク活用の手順

❶双方にとっての「Win・Lose」を考える

まずゼネコンと下請け企業にとっての「Win・Lose」を考えます。ゼネコンは安く下請けに発注するのでWin、下請け企業は無理やり値下げを強要されるのでLoseです。

❷ Win-Winの関係を模索する

Win-Loseの関係は、遅かれ早かれLose-Loseの関係に移行していきます。それよりもWin-Winの関係を模索すべきです。それが不可能であれば、No Deal（取引しない）とすべきです。

❸ Win-Winの関係を構築する

下請け企業は、Win-Winの関係が構築できる、他のゼネコンを探しましょう。下請け企業が思いきって仕事を一斉に断れば、ムリダ建設は受注した仕事をこなすため、懐柔策をとる方向に切り替えるしかないでしょう。

解決のコツ 「Win-Win or No Deal」で考える

お金は見積りの半分しか払わない、仕事はきちんとヤレというのは、自由主義経済に反します。Win-Win の関係が構築できないのであれば、No Deal（取引しない）です。

仕事を一斉に断るのは、談合ではありません。職業選択の自由があるように、本来は仕事選択の自由があるはずです。ムリダ建設から、地元の下請け企業が一斉に逃げ出すことが第一歩の選択です。

ムリダ建設にしてみれば、下請け企業に逃げられたら、施主に対する納期に間に合わなくなります。ムリダ建設としても、下請け企業との Win-Win の関係を模索せざるを得ないでしょう。なお、下請け企業側としては、No Deal（取引しない）の裏切り者が出ないように団結が重要です。

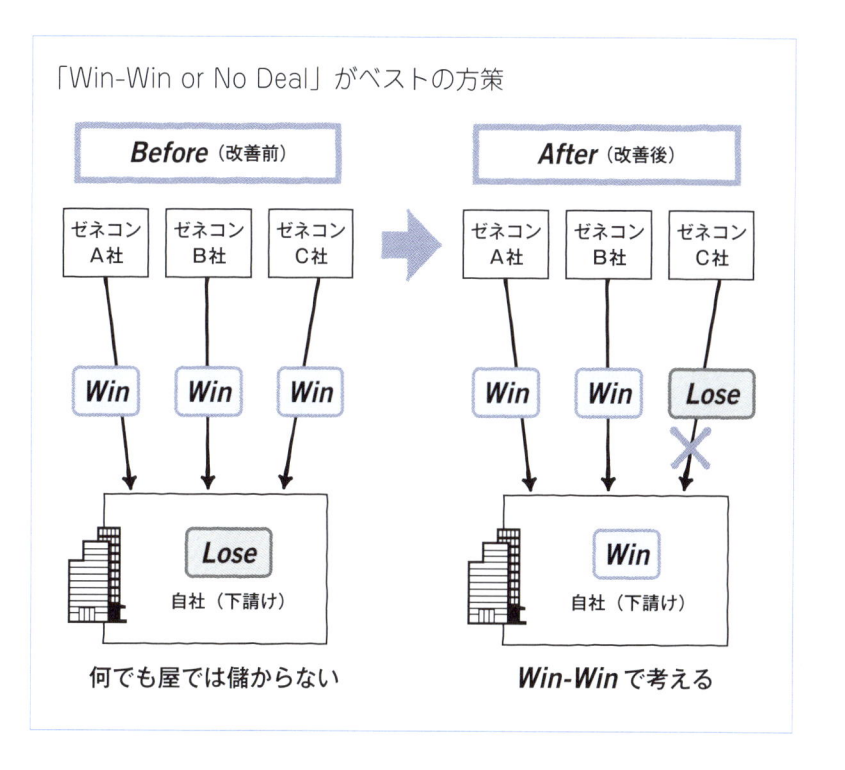

「Win-Win or No Deal」がベストの方策

Before（改善前）

ゼネコンA社 → Win
ゼネコンB社 → Win
ゼネコンC社 → Win
↓
自社（下請け） Lose

何でも屋では儲からない

After（改善後）

ゼネコンA社 → Win
ゼネコンB社 → Win
ゼネコンC社 → Lose ✕
↓
自社（下請け） Win

Win-Win で考える

COLUMN

Win-Winでアライアンスを強化する

　Win-Winの関係を構築する具体的な方法がアライアンス（協働）で、大きく3つに分けられます。互いのメリットを享受し、少ない資源で成果を得ることを目指します。

　1つ目の水平統合におけるアライアンスは、同業他社との業務提携です。同業種が協働し、製品開発や部品開発を行います。近年、日本の家電メーカーにおける液晶テレビの生産コストがアジア諸国の家電メーカーに負け始めたため、思いきって日本のメーカーの生産を縮小し、韓国や中国のメーカーから液晶パネルを購入する動きが加速しています。

　本来なら自社生産で自前主義を全うしたいところですが、品質が保証されているメーカーから、自社生産より安く購入できるのであれば、アライアンスもやむなしでしょう。

　2つ目は、垂直統合におけるアライアンスです。垂直統合とは、生産から販売までの一連のサプライチェーン（供給連鎖）でアライアンスを構築する方法です。

　近年、セブン-イレブンのPB（プライベートブランド）商品「セブンプレミアム」が急成長しています。なかでも「金のシリーズ」が大ヒット。メーカーとのアライアンスにより商品開発を積極的に進めている好例です。

　3つ目は、異業種とのアライアンスです。異業種参入は時間とお金がかかり容易ではありません。本格的に異業種参入をしたくはないけれど、異業種のノウハウや経営資源を活用したい場合、異業種とのアライアンスが効果的です。

　たとえば、田中貴金属ジュエリーとディズニーが提携し、「ディズニー純金製小判・千両箱」を金地金の約2倍の値段で期間限定発売しています（2014年6月末まで）。最も安い千両箱が純金製小判5g×50枚セットで約220万円です。

　みなさんの会社も、アライアンスで新たなビジネスチャンスを開拓してみませんか？

第 5 章

優先順位を
決定する
フレームワーク

26 「重要性・緊急性」から優先順位を決定する

私たちは緊急度が大きい仕事に忙殺されることが多いが、それでは貧乏ヒマなしになってしまう。そんなとき「重要性・緊急性」×「大・小」で時間管理を考えれば、優先順位が決まり、仕事の質が高まる。

重要性・緊急性とは 仕事に忙殺されると問題解決が遠のく

「重要性・緊急性」と「大・小」を組み合わせてマトリックスにすることで、仕事の優先順位を考えることができます。

緊急性大の仕事は、今日明日中に完了しなければいけない仕事です。お尻に火がついた状態の仕事が、緊急性大の仕事です。まずはそこから手をつけるべきということはおわかりでしょう。

けれども緊急性大の仕事ばかりに取り組んでいると、仕事に追われてゆっくり考える時間がなくなります。**日々の仕事に忙殺されると、新しい仕事、改善につながる仕事を拒否するようになります。**

ポイント ゆとりと成果を両立するための優先順位

「重要性・緊急性」の考え方は、日本でもベストセラーとなった『7つの習慣』(スティーブン・R. コヴィー著) という本で有名な時間の優先順位の考え方です。ゆとりと成果を両立するためには、この考え方が有効です。

ゆとりと成果を両立するためには、「重要性大・緊急性小」の仕事を増やしていく必要があります。一方で、「重要性小」の仕事をなくしていきます。

そもそもわたしたちを忙殺しているのは、今日明日中に完了しなければいけない「重要性大・緊急性大」の仕事です。この仕事を減らすには、緊急性大になる前に、前倒しで片づけてしまうことです。「**重要性大・緊急性小」の仕事を増やしていくと、結果的に「重要性大・緊急性大」の仕事が減っていくのです。**

アドバイス 「重要性・緊急性」で仕事の優先順位を見直そう

まずはマトリックスの横軸に「緊急性大」「緊急性小」、縦軸に「重要性大」「重要性小」の指標を配します。左上は「重要性大・緊急性大」で、目の前の仕事に

「緊急性小・重要性大」の仕事を重視する

	緊急性：大 （今日明日中の納期）	緊急性：小 （納期にゆとりがある）
重要性：大	【右上を増やせば自然減】 ● いますぐ対処が必要な仕事 ● 納期が近い重要な仕事	【先手必勝】 ● 事前準備 ● 納期前の完了 ● 再発防止の根本対策
重要性：小	【すき間時間を活用する】 ● 納期が迫った提出書類 ● メール処理	【保留】 ● 成果を生まない仕事 ● 投資対効果が低い仕事

- 優先順位を明確にしなければ、重要な仕事に集中できない
- ただし、すぐできることはどんどん片づけて、手持ちの仕事を減らす

追われ、時間と闘っている状態です。

　右上は「重要性大・緊急性小」です。ここの仕事が最も重要です。重要な仕事だけど納期にまだゆとりがある仕事です。先手必勝で、この仕事を納期の前倒しで片づけてしまいます。納期前に完了させれば、左上の重要性大の仕事がなくなっていくのです。**先を見越した仕事の先取りで、仕事のゆとり時間を勝ち取るわけです。**

　左下は「重要性小・緊急性大」の仕事です。今日明日中に片づけないといけない雑用に追われている状態です。このような仕事は、すき間時間を見つけてささっと片づけましょう。一方で、そうした雑用を断るという選択肢もあります。

　右下は「重要性小・緊急性小」の仕事です。投資対効果が低い仕事なので、やるかどうかは保留の状態にしましょう。労力がかかる割に成果が少ない仕事は、やらないほうが賢明です。

5章　優先順位を決定するフレームワーク

問題解決トレーニング　Let's try!
「成果を出せ」という上司を認めさせるには

問題発生！　忙しいのに、上司に評価されないイソベ君

イソベ君はいつも忙しく働いています。忙しいと充実した気分を感じる半面、仕事が終わって家に帰ると、疲れて何もする気になれません。

しかし、イソベ君は他にも悩みがあります。上司から評価されていないのではないかという悩みです。上司の口癖なのか、「もっと成果を出す仕事をやれ」とよく言われているのです。こんなに忙しく働いているのに、それはないよと思う今日この頃です。

イソベ君の性格は、一夜漬け型です。学生時代も、定期試験では一夜漬けで乗り切った自信があります。試験直前になると、勉強する気になるのですが、試験直前にならないと、まったくやる気が出なかったのです。その性格は、社会人になってからも変わっていないようです。彼は納期直前に猛ダッシュする行為を繰り返しています。

フレームワーク活用の手順

❶「重要性・緊急性」のマトリックスを作成する

まず「重要性・緊急性」の「大・小」のマトリックスを作成します。4つの箱の中に、いま抱えている仕事を分類していきます。付箋紙に書いてから分類すると、移動が楽なので分類が楽しくなるでしょう。

❷優先順位を把握する

マトリックスの右上の仕事（重要性大・緊急性小）を増やして、他の仕事を減らすという決意を持ちます。

❸緊急性大の仕事を減らす

納期直前でダッシュするのではなく、納期前にはすでに完了しておくことが、大切です。「重要性大・緊急性小」の仕事を増やすためには、早めに着手して、納期前に完了させることです。

解決のコツ 「重要性大・緊急性小」の仕事を計画的にこなす

イソベ君の一夜漬け型の考え方は、社会人になったら捨て去るべきです。納期直前に猛ダッシュしても、納期遅れになるか、やっつけ仕事になって品質が落ちるかの、どちらかになります。

仕事の品質はＱＣＤです（P124）。納期（Delivery）遅れは論外ですが、納期に追われて仕事をすると、Q（Quality）が低下します。仕上げの時間が確保できなくなる、あせって仕事が雑になる、時間切れで不完全に気がつかないままノーチェックで提出してしまうなどの品質低下を招きます。

納期前に重要な仕事をどんどん片づけるよう、仕事のやり方革命が必要です。「重要性大・緊急性小」の優先順位を高めることで、結果として緊急性大の仕事をなくすことができます。重要な仕事は、ため込まないですぐに実施することが大切です。そのためには、1～2週間先までの仕事を考えながら、今日の仕事を考えるとよいでしょう。

「重要性大・緊急性小」の仕事を増やすと「緊急性大」の仕事が減る

Before（改善前）

	緊急性：大	緊急性：小
重要性：大	今日の仕事に追われる	手が回らない
重要性：小	成果が低い仕事に忙殺	思いつきで仕事をする

After（改善後）

	緊急性：大	緊急性：小
重要性：大	なくす	事前準備前倒し完了
重要性：小	手間を最小化	保留 断る

27 「手間・成果」で仕事の成果を高める

日常すべての仕事において「インプット・アウトプット」(手間・成果)の２つの視点が適用できる。世の中の事象すべてが「インプット・アウトプット」で評価できるといっても過言ではない。

手間・成果とは 的外れの努力をなくすための視点

「インプット・アウトプット」を考えることで、「手間・成果」の関係を明確化できます。的外れの努力をなくし成果につながる時間を増やすためには、インプット(何かを入れること＝手間)を減らし、アウトプット(何かを出すこと＝成果)を増やせばいいのです。

投資対効果やパフォーマンスは**「アウトプット÷インプット」で評価**できます。同じアウトプットならインプットを減らせないか、インプットが同じならアウトプットを増やせないかを考えます。

ポイント 会社の経営課題(施策)決定の判断材料となる

「インプット・アウトプット」の関係は、仕事にかかわらず、身の回りのあらゆる事象に適用できます。

たとえば、買い物をする場合、買いたい商品がインプット、それを手に入れるために支払うお金がアウトプットです。また、ビジネスで稼ぐ場合、得た収益がインプット、投入時間と投資金額がアウトプットです。

「インプット・アウトプット」に着目することでパフォーマンス(投資対効果)が評価できます。会社の経営課題(施策)の優先順位を決定するにも便利です。インプットを、遂行が容易か困難か、アウトプットを、得られる収益の大小で評価します。遂行が容易で、得られる収益が大きい仕事を選べば、経営のパフォーマンスを高めることができます。

アドバイス ペイオフマトリックスで成果につながる時間を増やす

インプットである、**遂行が「容易・困難」を横軸に、アウトプットである収益の「大・小」を縦軸の指標でマトリックスにしたものが**、ペイオフマトリックス

「インプット・アウトプット」のペイオフマトリックスで考える

	(Input) 遂行が容易	遂行が困難
(Output) 収益小	○ すぐできる **QW** (Quick-Win)	× 時間のムダ **TW** (Time-Waster)
収益大	◎ ボーナスチャンス **BO** (Bonus-Opportunity) ←知恵	△ 努力が必要 **SE** (Special-Effort)

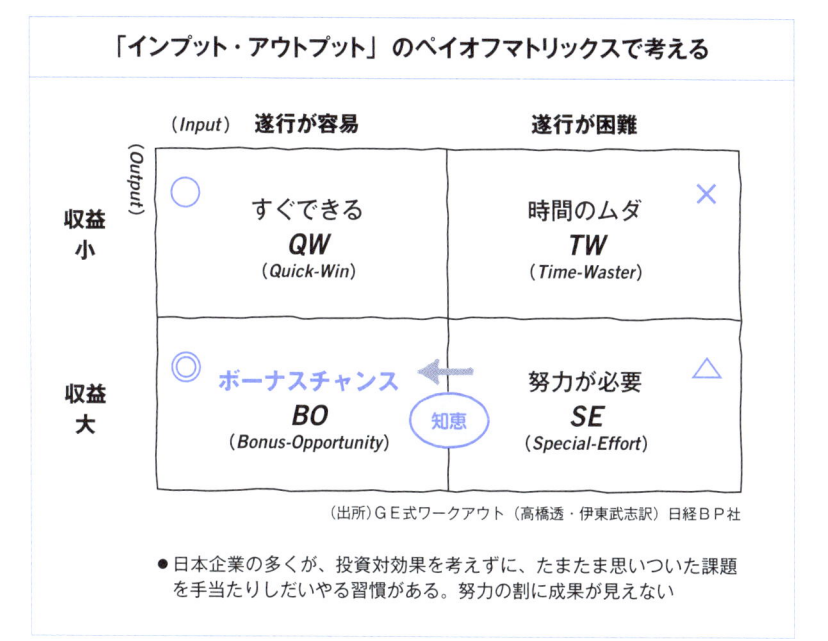

(出所)GE式ワークアウト（高橋透・伊東武志訳）日経BP社

- 日本企業の多くが、投資対効果を考えずに、たまたま思いついた課題を手当たりしだいやる習慣がある。努力の割に成果が見えない

（上図）です。

　左上は、「遂行が容易・収益小」で、QW（Quick-Win；クイックウィン）といいます。遂行が容易ですからすぐできます。ただし、得られる収益もわずかです。すき間時間を見つけて、片手間で遂行します。

　右上は、TW（Time-Waster;時間のムダ）といいます。「遂行が困難・収益小」ですから、やらないほうが賢明です。わたしたちは思い込みで、多くのTWをやっているのではないでしょうか。

　左下が、BO（Bonus-Opportunity；ボーナスチャンス）といいます。最もおすすめの課題です。「遂行が容易・収益大」ですから、放っておくのはもったいないでしょう。BOの仕事をどんどん見つけて遂行しましょう。

　右下が、SE（Special-Effort;努力が必要）といいます。「遂行が困難・収益大」ですから、このまま遂行するのは愚策です。知恵を出して、BOにできないかを創意工夫します。

5章　優先順位を決定するフレームワーク

問題解決トレーニング　　Let's try!
「成果の出る努力」について考える

問題発生!　コーヒーの砂糖を我慢しているのに体重が増えるミリンダ君

　飲み物が大好きなミリンダ君は、1日にコーヒーを5杯飲みます。また、コーラも大好きで、2リットルボトルを1日で飲んでしまいます。トイレも近くて悩んでいるのですが、それよりもっと大きな悩みがあります。

　最近5年間で、体重が15キロも増えてしまったのです。体重が増えてきたので、5年前からコーヒーに砂糖を入れるのはやめました。10グラムくらい入れていた砂糖をやめて、カロリーを減らしたつもりです。しかし、体重は増えるばかりです。

　そこで、食事制限もしてみたのですが、一向に体重は減りません。こんなに努力しているのに成果が出ないのでは、努力する意欲がわきません。

フレームワーク活用の手順

❶ 1週間の食事を振り返りカロリー分析をする

　まずは現状分析からです。1週間の食事を振り返りカロリー分析をします。大きく主食、間食、アルコール、飲料水に分けるといいでしょう。必要であれば、主食を朝昼夜の3食に分けます。

❷ カロリーが多い食品や飲料を見つける

　カロリーが多い食品や飲料を見つけます。主食の他に、大量のコーヒーとコーラを飲んでいます。コーヒーは砂糖抜きにしたので、コーラに着目します。1日分の2リットルに含まれる糖分は想像を絶します。

❸ カロリーが多い食品を摂取しない

　カロリーが多い食品を摂取しないで、カロリーオフ食品に切り替えます。たとえば、コーラを飲まないか、ダイエットコーラに切り替えて量を減らすなどの対策が必要です。そのほか、肥満にかかわる食品を減らします。

「手間・成果」で仕事の成果を高める　27

解決のコツ　トータルカロリーを低減し、砂糖入り飲料水を飲まない

　現状分析は改善案作成の第一歩です。1週間の食事を振り返りカロリー分析をします。カロリーが多い食品や飲料が何かを考えます。大量のコーラは見逃せません。

　ペイオフマトリックス（P139）左下の、「遂行が容易・収益大」のＢＯ（ボーナスチャンス）がおすすめの課題です。すぐできて効果が高いのは、コーラをやめることです。砂糖が含まれていないお茶などに切り替えるべきです。どうしてもコーラが飲みたいのであれば、ダイエットコーラにすべきです。

　食事制限や、アルコールをやめるのは、「遂行が困難・収益大」でしょう。アルコールは1回の量を減らす、カロリーオフのビールに切り替える、頻度を減らすなどの対策が考えられます。その中でＢＯは、「カロリーオフのビールに切り替える」でしょう。

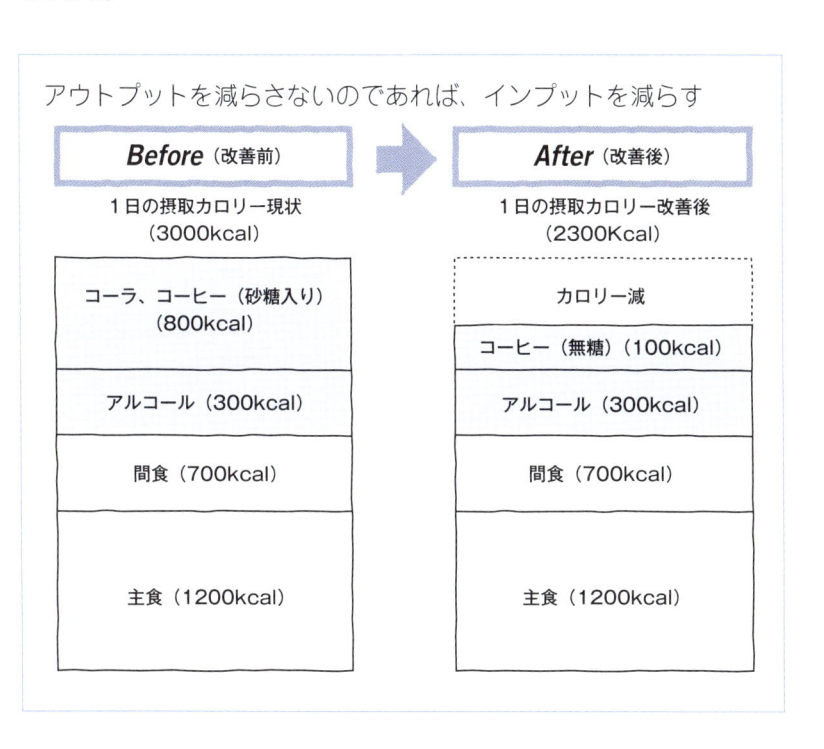

アウトプットを減らさないのであれば、インプットを減らす

Before（改善前）	*After*（改善後）
1日の摂取カロリー現状 （3000kcal）	1日の摂取カロリー改善後 （2300Kcal）
コーラ、コーヒー（砂糖入り） （800kcal）	カロリー減
	コーヒー（無糖）（100kcal）
アルコール（300kcal）	アルコール（300kcal）
間食（700kcal）	間食（700kcal）
主食（1200kcal）	主食（1200kcal）

28 着実に仕事を進めるプロセス「企画─設計─実施」

「企画─設計─実施」は、仕事を進める普遍的な手順である。企画なしでいきなり設計に着手しないほうが賢明だ。まずは企画として、目的や基本方針を確認することが大切である。

企画─設計─実施とは　仕事のやり直しを事前に防ぐ手順

仕事のやり直しやモグラたたきが多いのは、全体を設計しないで部分に取りかかっているからです。仕事を進めるうえではいきなり詳細計画、詳細設計に入らないことが求められます。

「企画─設計─実施」は、あらゆる仕事を進める普遍的な手順です。どこから着手すればいいか迷ったら、企画を最優先しましょう。企画とは、目的や対象範囲を明確化して、基本方針と全体概要を明らかにすることです。

ポイント　あらゆる問題解決を進める万能プロセス

「企画─設計─実施」は、あらゆる仕事や問題解決を進める万能プロセスです。同じ意味で、「概要─詳細─具体化」と言い換えることもできます。つまり**全体から部分に取りかかる**という普遍的なプロセスなのです。

プロジェクトマネジメントでは、フェーズ（段階分け）という概念があります。フェーズ分割の基本形は、「企画─基本設計─詳細設計─調達・開発─導入・運用」です。「企画─設計─実施」との対応は、基本設計と詳細設計を合わせて「設計」、調達・開発と導入・運用を合わせて「実施」です。

「企画─設計─実施」「概要─詳細─具体化」は、すべての仕事を進めるために適用できる万能プロセスです。

アドバイス　「企画─設計─実施」の順に仕事を進める

「企画（概要）─設計（詳細）─実施（具体化）」の手順について、もう少し考えてみましょう。

「企画（概要）」は、何を実現するのかを明らかにすることです。目的を確認したら、基本方針とグランドデザイン（全体構想）を明確化します。

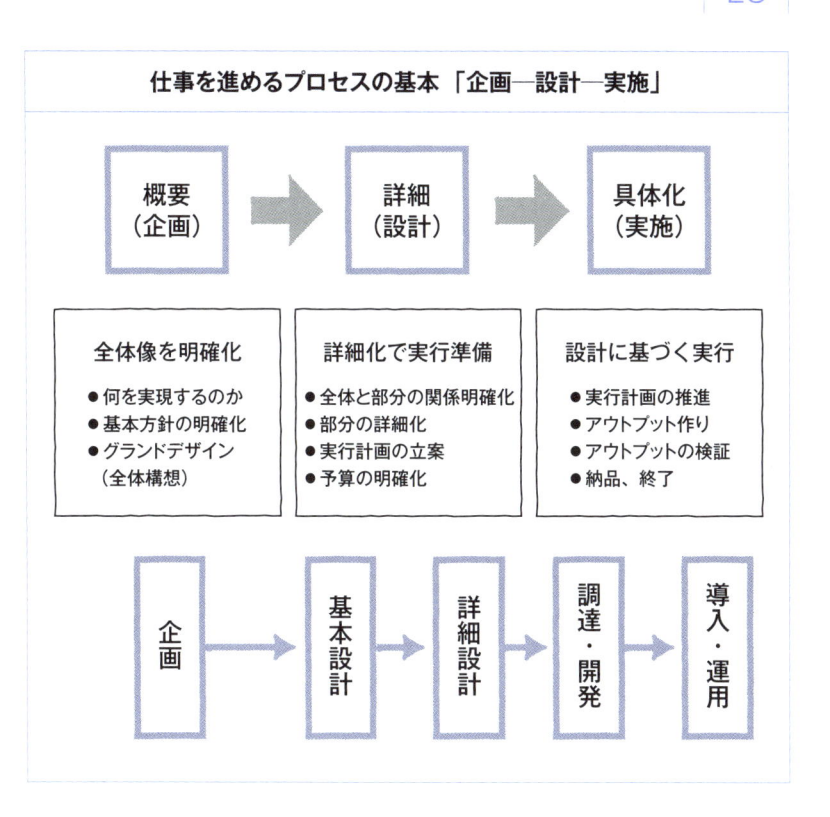

仕事を進めるプロセスの基本「企画―設計―実施」

```
概要（企画） → 詳細（設計） → 具体化（実施）
```

全体像を明確化	詳細化で実行準備	設計に基づく実行
●何を実現するのか ●基本方針の明確化 ●グランドデザイン 　（全体構想）	●全体と部分の関係明確化 ●部分の詳細化 ●実行計画の立案 ●予算の明確化	●実行計画の推進 ●アウトプット作り ●アウトプットの検証 ●納品、終了

企画 → 基本設計 → 詳細設計 → 調達・開発 → 導入・運用

「設計（詳細）」は、全体と部分の関係を明らかにしながら、部分の詳細化を行います。何を実現するのかを、より具体化するのです。そして、実行計画の立案、予算の明確化を行います。

「実施（具体化）」は、設計に基づく実行計画の推進です。アウトプット作り、アウトプットの検証を行います。完成したら納品、終了です。

きまじめで仕事が丁寧な会社ほど、いきなり企画を飛ばして、設計や実施に入ってしまう傾向があります。全体像や基本方針を明らかにしないまま、詳細設計に入るのです。

しかし、**いきなり詳細設計に入ると、手直しが多発します。** 詳細の一部を修正すると、全体との整合性に矛盾が発生します。方針が少しでも変更されると、全体との整合性のために、修正が多発するのです。

5章　優先順位を決定するフレームワーク

問題解決トレーニング　　　　　　　　　　　　　　　Let's try!
「とにかくやれ！」の上司につける薬とは

問題発生！　上司からの修正の嵐で疲労する部下

　マジカ電機は、有能な技術者を多く抱える非常にまじめな社風です。しかし、細部にこだわりすぎて、全体を把握している人がいないという欠点があります。

　部下に対する上司の口癖は、「とりあえず案を作ってくれ」です。部下が、「目的は？　方針は？　検討範囲は？」と聞くと、上司は「つべこべ言わずに形にしてこい」というのです。

　部下が案を作成して上司に見せると、あれこれ修正の指示が出されます。「もっと詳細でないと理解できないよ」と言われて、部下は詳細案を作ります。すると、「わたしの考えている方針と違うな」……かくして、何度もゼロから詳細案を作り直すことになり、一向に結論が出ません。上司は部下に対する指示の出し方をどのように変えればよいのでしょうか。

フレームワーク活用の手順

❶目的を確認して対象範囲を確認する

　詳細案を作成する前に、目的を確認して対象範囲を確認することです。また、予算、規模、納期、基本方針の確認も不可欠です。上司は部下に案を作らせる前に、明確な基本方針を提示すべきです。

❷全体計画を立案する

　目的や基本方針が明確になったら、企画を立てます。グランドデザイン（全体構想）と全体計画の立案です。企画段階では、修正は容易です。アイデアをどんどん出して、企画書作成に知恵を絞ります。

❸企画書が承認されてから詳細計画に着手する

　企画書が承認されたら、設計に着手します。詳細計画、基本設計や詳細設計に着手します。企画が明確であれば、設計に迷いはありません。全体と方針がわかっていれば、部分の設計に迷わないでしょう。

着実に仕事を進めるプロセス「企画―設計―実施」　28

> **解決のコツ**　いきなり詳細設計、詳細計画に着手するな

　上司が部下に「とりあえず案を作ってくれ」というのは無謀な依頼であり、極めて無責任です。部下が案を作成してからあれこれ文句を言うのは、後出しジャンケンです。上司なら正々堂々、企画段階で基本方針を十分議論すべきです。

　企画段階での基本方針を部下と議論するのは、せいぜい2～3時間もあれば十分でしょう。しかし、部下にいきなり詳細計画を立てさせれば、1～2日では済みません。上司が考えている基本方針がわからないまま作成するので、部下の試行錯誤が増えます。そのため、ロス時間が莫大になるのです。

　試行錯誤の末、上司に詳細計画を見せた結果の大半は、「何か違うな。やり直せ」です。これでは修正の嵐は確実で、直したところで基本方針があいまいなので、計画を実行に移した段階でも、修正が多発するのです。上司はまず部下に企画方針を伝える習慣をつけるなど、仕事の進め方を改善したいものです。

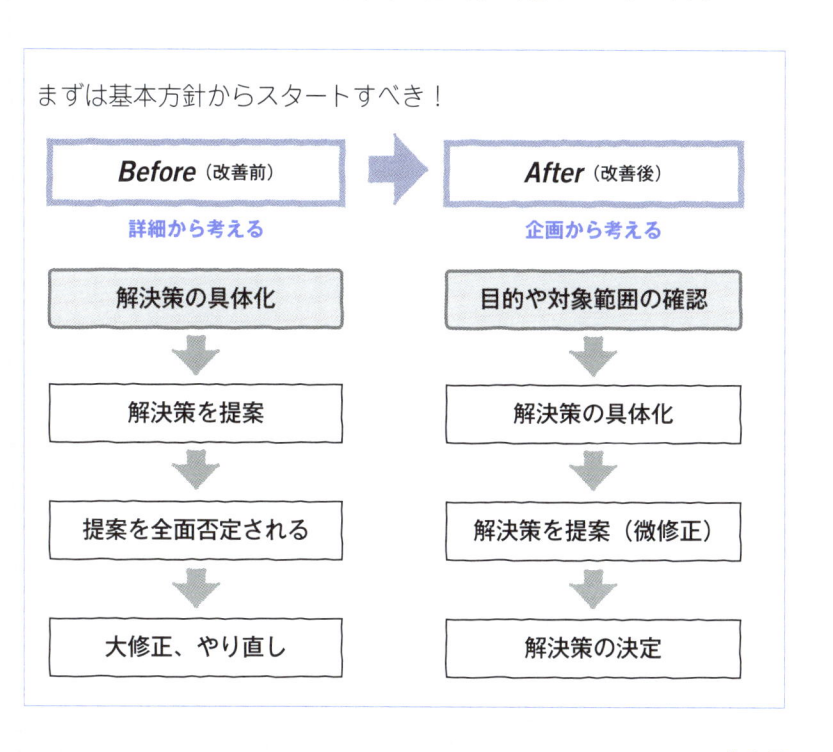

まずは基本方針からスタートすべき！

Before (改善前)	*After* (改善後)
詳細から考える	企画から考える
解決策の具体化	目的や対象範囲の確認
↓	↓
解決策を提案	解決策の具体化
↓	↓
提案を全面否定される	解決策を提案（微修正）
↓	↓
大修正、やり直し	解決策の決定

29 「E・C・R・S」の視点で無理のない改善・改革案を考える

「E・C・R・S」は、改善や改革案を考えるための優先順位である。E（エルミネイト）が最上級、続いてC（コンバイン）、R（リプレイス）、S（シンプリファイ）の順に改善や改革案を考えていく。

E・C・R・Sとは　効果の高い対策を見つける方法

「E→C→R→S」の順に改善や改革案を考えると、効果が高い案が見つかります。E（エルミネイト；やめる、断る）はやらないという選択です。やらなければ労力はゼロです。また、やめてしまえば、今後の手間がなくなります。少しの労力で成果を高めるためには、「**そもそも、その仕事は本当に必要なのか？**」を問いかけます。「やったほうがいい」は「やらなくてもいい」と考えてみるのです。

ポイント　改善案、改革案を考える順番

改善案、改革案は、「E→C→R→S」の順に考えるのが効果的です。まずE（やめる）を考えます。Eを一通り考えてから、C（コンバイン；統合）を考えます。それも十分考えたら、R（リプレイス；置き換え）を考え、最後にS（シンプリファイ；簡素化）を考えます。

わたしたちは、S（簡素化）については考えることに慣れています。たとえば、会議を効率化するために、「会議を短時間で終わらせよう」とスローガンを掲げます。しかし、本来はE（やめる）の「会議なしにできないか」を考えるほうが、最も効果が高いのです。

「**そもそも、それが必要なのか？**」をまず問いかけます。なくせないのであれば、「ひとつに統合できないか」と、「E→C→R→S」の順に検討していきます。

アドバイス　時間がかかる仕事を「E・C・R・S」で検証する

「E→C→R→S」をもう少し理解するために、バブル経済崩壊後の銀行の経営改革を例に考えてみましょう。

E（エルミネイト）、つまりやめることを最初に考えます。不採算な支店の撤退、不良債権の放棄を徹底して実行してきました。不良債権を優良債権にするには融

「E→C→R→S」の順番で、改善・改革案を考える

ECRS（やめる→統合する→置き換える→簡素化する）

優先順位	ECRS	内容	適 用 例
1	E（エルミネイト）	やめる、断る	●不採算な支店を撤退する ●不良債権を放棄する
2	C（コンバイン）	統合する	●2つの支店を統合して1つにする ●組織を統合する
3	R（リプレイス）	置き換える	●業務をアウトソーシングする ●社員をパートに置き換える
4	S（シンプリファイ）	簡素化する	●改善して時間を短縮する ●ワンタッチでできるようにする

- まずは、最も手間がかからない「やめられないか」を考える
- それがダメなら、2つ以上の物を「統合できないか」を考える
- そして「置き換え」「簡素化」できないかを考える

資先を再生させる必要があります。**手間と時間を考えると、債権放棄が最も効果が高い改革です。**銀行は公的資金を使って、短期間で債権放棄をしました。

　Eを一通り考えると、次はC（コンバイン）です。2つ以上のものを1つにするのがCです。銀行の改革は、合併によってメガバンク（巨大銀行）になり、同じ駅にある2つ以上の支店を統合する、組織を統合することなどにより、経営改革を進めてきました。

　R（リプレイス）は置き換えです。置き換えは、「場所」「時間」「人」「物」の4つの視点を駆使して考えます。たとえば、「人」の置き換えは、社員の仕事を派遣社員やパートタイマーに置き換えることで、人件費単価を下げる方法を実施しました。

　S（シンプリファイ）は簡素化、身の回りの改善を、できる範囲で継続することです。業務改善などで手間を減らします。

問題解決トレーニング　Let's try!
出張の回数をできるだけ減らすには

問題発生! 週3日東京、週2日大阪に勤務の悩める人事部長

　イドウ人事部長は、1週間のうち週3日東京、週2日大阪勤務になっています。東阪に人事部次長が1人ずついるのですが、部長は両方のオフィスを毎週往復しています。イドウ部長は指示が細かいので、やはり現場に行って陣頭指揮をとらなければ気が済まないようです。

　イドウ部長も57歳、そろそろ東阪の往復に疲れてきたのも事実です。しかし責任感が強いイドウ部長ですから、体がしんどいなんて口にも出せません。

　気をつかった東阪の次長が相談して、「自宅のある東京を中心に勤務したらどうですか？」と、イドウ部長に持ちかけました。「大阪が心配だから」と答えたものの、悩んでいるイドウ部長です。

フレームワーク活用の手順

❶過去1週間分の仕事を書き出し、かかった時間を思い出す

　目的は、イドウ部長の手間を減らしながら人事部の成果を上げることです。そのために、イドウ部長の仕事時間を現状分析します。1週間にやったことと所要時間を書き出してみます。

❷仕事の1つひとつを「E・C・R・S」できないか考える

　1週間にやった仕事の1つひとつを「E・C・R・S」できないかを考えます。たとえば、大阪への出張移動3時間は、E（やめる）で出張をやめられないかを問いかけます。実現の可否は後から考え、まずはネタ出しに専念します。

❸効果が高い対策を実施する

　ペイオフマトリックス（P139）と照合して効果が高い対策を実施すればいいのです。そのため「遂行が容易で収益が大きい改善案」がどれかを、ネタ出しした中から探します。

「E・C・R・S」の視点で無理のない改善・改革案を考える

解決のコツ 移動が減らせないかを考える

まずイドウ部長の1週間の仕事時間を現状分析します。次に、1週間にやった仕事の1つひとつを「E・C・R・S」できないかを考えます（下図）。

改善案として、2つほど実施してみてはどうでしょうか。1つめは、大阪出張を基本的にやめて、本社の東京に常駐とします。完全にE（やめる）ことはできないと思うので、月1回程度、必要最低限の大阪出張にとどめます。

2つめは、部下への権限委譲です。東阪に次長がいるわけですから、次長に権限を委譲します。たとえば、決裁を次長に任せて簡素化する、採用面接は最終面接だけ参加する、部下への細かい指示はやめるという改善です。

「E・C・R・S」で改善や改革案が出ないときは、数名が集まってアイデアを出すのもおすすめです。1人で考えているよりアイデアが出やすいでしょう。

E・C・R・Sで改善・改革案のネタを探そう

効果大 ←――――――――――――――――――→ 効果小

1週間でやったこと	時間	E（エルミネイト）	C（コンバイン）	R（リプレイス）	S（シンプリファイ）
大阪に出張(毎週月曜)	3	出張しない	1回／1ヶ月		
採用面接(個別15人)	15	面接をなくす	集団面接	代理人	
書類を読む、決裁	5	決裁レス	一括処理	権限委譲	電子決裁
部下への指示	2	指示しない	一括指示	権限委譲	
飲み会で部下におごる	—	参加しない	頻度を減らす	割り勘	
大阪から東京に戻る	3	出張しない		夜か早朝移動	
出張報告書の作成	4	出張しない			簡素化
週報の作成	10	週報レス	月報にする	役割分担	簡素化

30 チームで合意をとるのに効果があるプロセス「発散→収束」

「発散→収束」は、問題解決を考えるための基本要素。「発散→収束」をワンセットで考えることにより、アイデアを広げることができる。また、チームで合意をとるときも、「発散→収束」のプロセスが効果的だ。

発散→収束とは アイデアを広げて頭をフル回転

アイデアを広げて頭をフル回転させるためのプロセスが「発散→収束」です。「発散」とはアイデアを広げる、ネタ出しをする、情報収集することです。**発散を行うときは批判厳禁**です。「それはおかしい」「それはダメ」とメンバーのアイデアに批判的な発言をすると、アイデアが出なくなります。

「収束」は、たくさん出たアイデアをもとに、より有望なアイデアに絞り込む優先順位付けです。発散ではネタは玉石混交です。玉石混交から、玉を見つけ出す作業が収束です。

ポイント 個人やチームでアイデアを広げてからまとめる

「発散→収束」を「アイデア出し→評価」と言い換えてもかまいません。「発散→収束」の用途は大きく2つあります。1つめが、**考えるためのプロセス**として使うことです。2つめが、**チームで合意をとるプロセス**に用いることです。

1つめの、考えるためのプロセスは、「アイデア出しと評価を分離する」と言い換えられます。まずは自由奔放に批判厳禁でアイデアを出します。出し切ったら、どのアイデアの投資対効果が高いかを評価します。

2つめが、チームで合意をとるプロセスに用いることです。関係者が集まって批判厳禁でアイデアを出します。その後収束として、関係者全員がアイデアを評価します。そこで高い評価を得たアイデアであれば、合意を得やすいでしょう。

アドバイス 発散（アイデア出し）と収束（評価）を分離する

発散（アイデア出し）に便利な手法が、ブレーンストーミングです。**ブレーンストーミングは自由発想によるアイデア出しの手法**です。ブレーンストーミングのルールは5つあります。

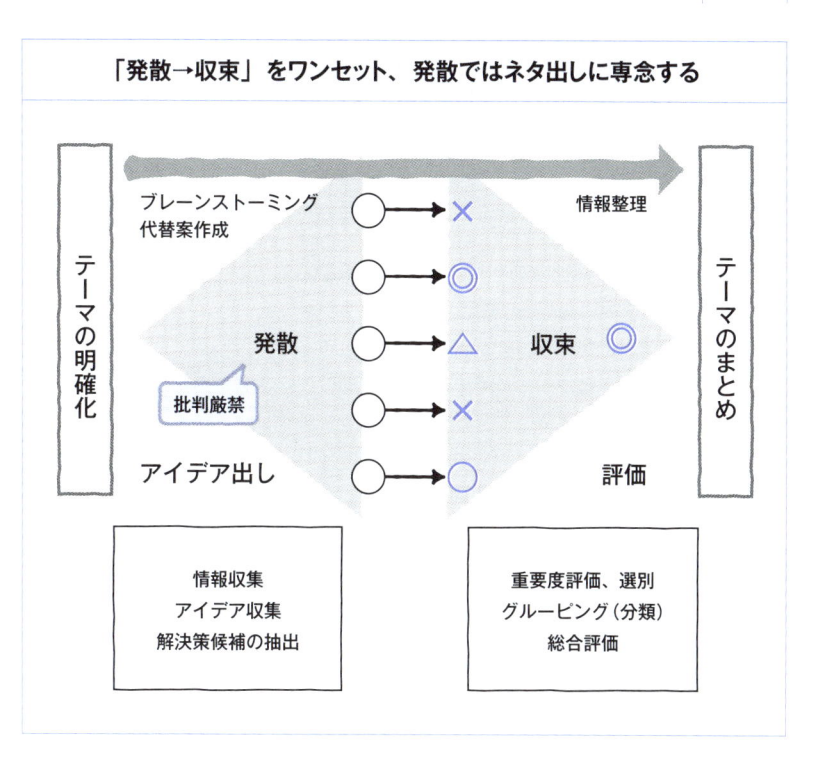

「発散→収束」をワンセット、発散ではネタ出しに専念する

テーマの明確化

ブレーンストーミング
代替案作成

発散

批判厳禁

アイデア出し

収束

情報整理

評価

テーマのまとめ

情報収集
アイデア収集
解決策候補の抽出

重要度評価、選別
グルーピング（分類）
総合評価

①既成概念や常識を捨てる、恥ずかしがらない
②何でもいいからたくさん出す（質より量）
③「3セズ」（批判セズ、議論セズ、くどくど説明セズ）を徹底する
④人のアイデアをヒントに発想する（連想ゲーム）
⑤アイデアは箇条書きにして記録する

ブレーンストーミングの代わりに、代替案（解決策の候補）を作成してもかまいません。A案、B案、C案というように、解決策の候補を代替案として作成します。

まずは十分な発散の時間を持つことが大切です。いきなり収束しないこと。たとえば、アイデアが1つ出されるたびに、「それいいから君が担当でやりなさい」と言い出しっぺを担当者にすると、そこでアイデアは出なくなります。言い出しっぺを担当者にしないことは、チームでアイデア出しをするときの鉄則です。

5章 優先順位を決定するフレームワーク

問題解決トレーニング　Let's try!
「意見が出にくい会議」を変えるには

問題発生! 言い出しっぺが担当者になる地獄の会議

アツイ営業部長は熱血漢で、「できることがあれば、何でもやれ！」というのが口癖です。営業部長は、優先順位を付けるのが嫌いというより、目の前の仕事すべてを優先順位の最高ランクに考える人なのです。

先日の営業会議ではたいへんなことが起きました。部下たちの間で「犠牲者が出た」といわれる事件です。

「君たち、わが部の業績がイマイチなことは知っているな。そこで、君たちにわが部をもっと盛り上げるためのアイデアを出してほしいんだ」と営業部長。

部下たちが黙っていると、「ハナシ君、発言しなさい」と部長。「あのう、顧客データベースをもっと改善すべきではと……」ハナシ君。「ヨシわかった！　今日から君が、データベース改善の担当者だ」と部長。ハナシ君「……」。

フレームワーク活用の手順

❶目的を確認したら解決策のアイデアを出す

まず議題の目的を確認します。「営業部の業績向上策」を考えるという目的だとします。まず、「発散」として改善アイデアをみんなでブレーンストーミングします。

❷アイデア出しのときは批判は厳禁！

ブレーンストーミングのときは、批判厳禁、言い出しっぺを担当者にしないことが鉄則です。変だなと思っても斬新なアイデアかもしれないので「面白いね」とほめ合うくらいがちょうどいいのです。

❸アイデアを出し切ってから優先順位を付ける

アイデアを出し切ったら「収束」します。「営業部の業績向上」の目的に合致するアイデアに、高い優先順位を付けます。評価が高いアイデアを合成することで、画期的な改善案が出るかもしれません。

解決のコツ 「発散→収束」のプロセスを繰り返す

この会社のアイデア出しでは、まず言い出しっぺを担当者にしないことを確認すべきでしょう。

アイデアを出し切ったら「収束」します。目的に合致するアイデアに、高い優先順位を付けます。アイデアをヒントに、効果が高い改善案の候補を絞り込みます。「発散→収束」を2回繰り返すと、さらに関係者の合意と納得度が上がります。「営業部の業績向上策」について考えてみましょう。1回目の「発散→収束」は、営業部の問題点を絞り込みます。

2回目の「発散→収束」は、業績向上の障害となっている問題点を解決するための改善案を出します。出し切ったら、効果が高い改善案を絞り込みます。改善案の担当は、適材適所で役割分担します。

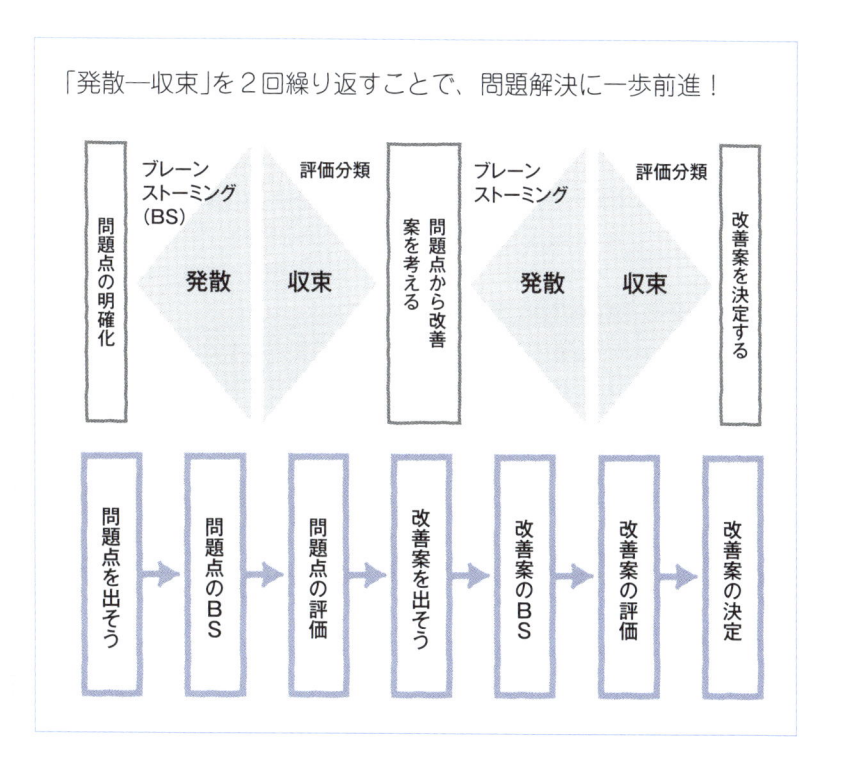

「発散―収束」を2回繰り返すことで、問題解決に一歩前進！

問題点の明確化	ブレーンストーミング(BS) 発散	評価分類 収束	問題点から改善案を考える	ブレーンストーミング 発散	評価分類 収束	改善案を決定する
問題点を出そう	問題点のBS	問題点の評価	改善案を出そう	改善案のBS	改善案の評価	改善案の決定

5章 優先順位を決定するフレームワーク

31 「優先順位・グルーピング」で大量の情報を整理する

「発散→収束」の「収束」を上手に行う視点が、「優先順位・グルーピング」である。大量の情報を整理するときには、優先順位とグルーピングを組み合わせるとよい。

優先順位・グルーピングとは 発散のあとには情報には整理が必要

「優先順位・グルーピング」は、大量の情報を整理する視点です。「発散」でブレーンストーミングをすると、200〜300個前後のアイデアが出ることは珍しくありません。アイデアは多いほうがいいのです。

そこで大量の情報を整理する「収束」が必要です。**「優先順位・グルーピング」により、容易に大量の情報を整理整頓することができます。**

ポイント 優先順位とグルーピングのやり方

「優先順位・グルーピング」について、もう少し詳しく考えてみましょう。

「優先順位」は、重要性を評価することです。**簡単なのは5段階評価です。**関係者が集まって、5段階評価で優先順位を付ければいいのです。

「グルーピング」は分類（グループ分け）ですから、**類似の項目を1つのグループ**にまとめます。具体的には、「A；海外戦略」「B；生産戦略」「C；営業戦略」というように、記号を決めて、各項目に記号を付記していきます（右図）。最後に、**「優先順位・グルーピング」を組み合わせる**ことです。

アドバイス アイデアが出たらグループ分けする

では、「発散→収束」の手順に従って、メーカーが重点施策を決めていく例で考えてみましょう。

「発散」として、取り組むべき課題を、ブレーンストーミングで列挙します。少なくとも50個以上を出してみましょう。

アイデア出しのコツは、**はじめからグルーピングを考えておく**ことです（右図）。たとえば、「A；海外戦略」「B；生産戦略」というようにグルーピングがあれば、視点のモレに気がつきます。アイデアが行き詰まったとき、「海外面でどうです

優先順位とグルーピングによる情報整理法

- **A** 4 ①海外調達力の強化
- **A** 5 ②海外工場の建設（ベトナム、インド）
- **C** 5 ③世界販売網の強化
- **C** 2 ④国内営業所の営業力の強化
- **D** 3 ⑤若手社員の人材育成
- **E** 3 ⑥物流コストの削減
- **G** 5 ⑦財務基盤の強化（3年以内に上場）
- **B** 3 ⑧材料費のコストダウン
- **F** 4 ⑨技術開発力の強化
- **C** 4 ⑩営業戦略の再構築
- **B** 3 ⑪品質管理体制の強化
- **E** 2 ⑫在庫削減の推進
- **C** 4 ⑬販売促進による売上拡大
- **D** 3 ⑭海外人材の採用体制の確立

グルーピング
- **A**：海外戦略
- **B**：生産戦略
- **C**：営業戦略
- **D**：人事戦略
- **E**：物流戦略
- **F**：技術戦略
- **G**：財務戦略

優先順位
- **5**：極めて重要である
- **4**：わりと重要である
- **3**：重要度は普通である
- **2**：あまり重要ではない
- **1**：まったく重要ではない

か？」と司会者が問いかけるだけでも、新たな視点に気がつきます。
　アイデアを出し切ったら、5段階評価をします。司会者が1項目読み上げるごとに、参加者は自分が思った優先順位を「5！」「4！」と発言します。意見が異なったときは、高い点数をつけてください。評価はインフレでもかまいません。「5」が多すぎる場合は、5の中から重要なものをいくつか選んで特別な「⑤」（または6点）にしてください。
　5段階評価ができたら、グルーピングの記号を各項目の横に書きます。

5章　優先順位を決定するフレームワーク

ケーススタディー　Let's try!
「リーダーのいない会議」の上手なやり方

問題発生！ 問題をかき回す上司抜きでアイデア会議を実施することに

ウキタ君が勤務するのは、賃貸マンションの建設、建設後の入居者募集と賃貸管理を行う会社です。土地を持っている地主をターゲットにしたビジネスです。

アイデアを出したらすぐに「君が担当だ」と、つねに営業部長に言われてきたウキタ君。いつもそれではたまりませんから、いい方法はないものかと悩んでいました。

「そうだ、営業部長抜きでアイデア出しをやればいいんだ！」。しかし、どうやっていいかよくわかりません。とりあえず、「発散」のブレーンストーミングをやったとしても、どうやって「収束」すればいいのかわかりません。

ともあれ同僚の仲間6人で、営業部の業績を上げるためのアイデア出しを実施することにしました。

フレームワーク活用の手順

❶批判厳禁でアイデアを出し切る

目的は、「営業部の売上を上げるための改善案作成」です。ブレーンストーミングで、改善案のアイデアを参加者全員で出します。1人20件出せば、6人で120件のアイデアが出るはずです。

❷類似のアイデアをグループ分けする

アイデアは付箋紙に書いてホワイトボードに貼って整理する方法もあります。重複したアイデアは、付箋紙を重ねて1枚にします。類似のアイデアをグループ分けします（図）。

❸優先順位として5段階評価をする

アイデアをグループ分けして整理できたら、優先順位として5段階評価をします。5点の付箋紙に赤丸をつけると、重点施策が見えます。5点のアイデアから、有望な重点施策を2〜3個決めましょう。

「優先順位・グルーピング」で大量の情報を整理する

解決のコツ　投資対効果が高いものを絞り込む

アイデアを整理する際は、1人ずつ付箋紙を読み上げて、グルーピングします。類似の付箋紙を書いた人がいれば、「わたしも！」と言って、ホワイトボードに貼りつけます。重複したアイデアが出たときは、付箋紙を重ねて1枚にします。そして類似のアイデアごとにグループ分けします（下図）。

アイデアを整理できたら、優先順位として5段階評価をします。司会者が読み上げて、参加メンバーが思った優先順位を、「4！」というように声を出して言います。司会者は、付箋紙に優先順位を赤字で書き込みます。

すべて5段階評価ができたら、5点の付箋紙に赤丸をつけます。ただし、5点が多すぎる場合は、5点の中でも重要な項目のみに赤丸をつけます。

赤丸をつけた5点のアイデアだけを見ていくと、有望な解決策が見えてきます。仕上げとして、参加メンバーが合意のうえで、重点施策を2〜3個決めます。

ホワイトボードと付箋紙を使った情報整理法

対象部門・業務 ＼ 改善の切り口	経営・組織	業務・しくみ	ヒト（人材）	モノ（設備・材料）	情報（伝達・システム）
全社・統括	4　3	4　⑤　3	3　4　3		4　3　⑤
営業・テナント	3　⑤　4	⑤　3　4	⑤　⑤	3　3　4	3　4　3
設計・技術・工事		4　⑤　4	3　⑤　⑤	3　⑤　3	
管理・サービス	⑤　4　⑤	3　3　⑤	4　3　⑤	3　4　3	⑤　4
（上記以外）		3			3

COLUMN

米国企業の意思決定法とは

「発散・収束」は、意思決定においても極めて重要です。米国企業の意思決定に、「ノットアグリー・バット・コミットメント」があります。その意見に対しては不賛成（ノットアグリー）であるが、しかし（バット）、遂行は責任をもって約束する（コミットメント）という考え方です。

米国企業の会議では、いきなり意思決定はしません。意思決定の前に、十分な議論をします。議論の内容は「発散」、つまりアイデア出し会議を行います。

まず目的を明確にします。そして、その目的を達成するために効果的なアイデアを、関係者全員で出し合うのです。リーダーも、メンバーの1人として議論に参加します。

しかし、アイデア出し会議ではリーダーは1メンバーに過ぎません。リーダーの発言が優先されるわけではありません。全員がフラットな立場で議論するのです。なぜなら、リーダーだから優れたアイデアが出せるというわけではないのです。若手社員のほうが、優れたアイデアを出せるかもしれません。

十分アイデアを出し切ったら、発散から「収束」に向かいます。情報を整理したり、優先順位を明確にします。さまざまなアイデアを出し合ったうえで、リーダーがそのアイデアを採用するかを意思決定するのです。

意思決定は、リーダーが出した意見になるとは限りません。その目的を達成するために最も効果的なアイデアと判断したものをリーダーは意思決定します。

リーダーが意思決定したら、メンバーはその意見に不賛成（ノットアグリー）でも、しかし（バット）、遂行は責任をもってコミットメントします。約束（コミットメント）できない者は、メンバーとして不要な存在です。「コミットメントできない者は去れ」というのが、「ノットアグリー・バット・コミットメント」の掟なのです。

第 6 章

プレゼンに役立つ
フレームワーク

32 プレゼンの大前提「変化しやすいレディネス・変化しにくいレディネス」

レディネスとは聞き手の特質のこと。プレゼンテーションの聞き手は、さまざまな特質を持っていることを知っておこう。問題解決につながるプレゼンをするためには、レディネスに合わせたプレゼンをする必要がある。

変化しやすいレディネス・変化しにくいレディネスとは　同じ話でも聞き手によって反応は異なる

同じことを話していても、聞き手によって反応は異なります。たとえば、大学生と管理職に本格的な仕事の同じ話をしたら、同じ話でも反応が異なるでしょう。

そもそも聞き手によって求められる話題は異なるはずです。**聞き手に合わせたテーマを選んでプレゼンをすること**は、いうまでもなく大切なことです。レディネス（聞き手の特質）には、「変化しやすいレディネス」と「変化しにくいレディネス」の大きく2つがあります。

ポイント　プレゼンの準備と本番、それぞれのレディネス

プレゼンの事前準備では、「変化しにくいレディネス」を考慮してテーマや資料を作成します。変化しにくいレディネスとは、性別、年齢層、家族構成、独身・既婚、国籍、出身地、宗教、地域風土、業種、企業規模、企業風土、部署、仕事の役割、性格、知識、意欲、経験、キャリア、専門領域、趣味などです。

プレゼンの本番では、「変化しやすいレディネス」に留意して話します。変化しやすいレディネスとは、聴衆の気分（明るい、暗い、イライラ、不安定）、好意的か敵対的か、相性などのフィーリング、関心事、興味、優先順位、疲労度、プライベートな事件、期待や要望です。本番で、聞き手に疲労度が高いと感じたら、いったん休憩を入れる必要があります。

アドバイス　聞き手のレディネスに合わせるコツ

変化しにくいレディネスは、事前に調べることが比較的簡単です。性別、年齢層、国籍、業種、企業規模などは、参加者名簿があれば容易にわかります。

社内で話す場合は、社内用語を使っても話は通じます。しかし、**不特定多数の企業の社員が集まっている場でプレゼンをする際は、誰にでもわかる用語を使う**

2つのレディネス（聞き手の特質）で、話し方を変えるべき

【変化しにくいレディネス】

性別、年齢層、家族構成、独身・既婚、国籍、出身地、宗教、地域風土、業種、企業規模、企業風土、部署、仕事の役割、性格、知識、意欲、経験、キャリア、専門領域、趣味など

（対策）変化しにくいレディネスを考慮して話題を選ぼう

【変化しやすいレディネス】

気分（明るい、暗い、イライラ、不安定）、好意的か敵対的か、相性などのフィーリング、関心事、興味、優先順位、疲労度、プライベートな事件、期待や要望

（対策）好意的な状態を維持、聞き手の関心事や興味にも注意を払う

のが賢明です。

　また、専門家が相手の場合には、たいていの専門用語の解説は不要です。しかし、一般の社会人向けには、専門用語に解説を加えるか、専門用語を極力使わないようにします。

　レディネス（聞き手の特質）を無視して話をすると、コミュニケーションがうまくとれません。

　変化しやすいレディネスについては、ときどき聞き手の状況が今、どうであるかを意識することが効果的です。

　笑いをとって気分を明るくするとか、聞き手が不快になる話題を避けるなど、目の前の聴衆の反応をよく観察することです。仕事でひっきりなしに携帯電話を使用している人が聞き手に混じると、その人が電話の着信を気にしているそわそわ感が周囲に伝染することがあります。そんな場合は、携帯電話は会場の聞き手に聞こえない場所で使用してもらうなどの対応が必要です。

6章 プレゼンに役立つフレームワーク

問題解決トレーニング　Let's try!
聞き手にウケるプレゼンをするには

問題発生! 評価が分かれるスピーチで悩むワカレ博士

　ワカレ博士は、話し方は上手なのですが、好評な講演会と不評な講演会で、評価が二分します。それでもワカレ博士は、自分の話が大好評だと信じて疑いません。

　というのは、ある分野の大家で周囲から大先生ともてはやされているため、講演会の主催者がお世辞ばかりを言うからです。「さすが博士、いいお話をありがとうございました」と主催者。「いやいや、この話はどこに行ってもウケるんですよ」とワカレ博士。

　しかし、30代の女性だけの主婦の会では大不評だったのです。主婦たちにまったく興味がない話題だったからです。また数名の主婦から質問が出たのですが、「質問は一切受け付けません」というひと言で、会場はブーイングムードです。

フレームワーク活用の手順

❶聞き手のレディネスを明確化する
　事前準備の前に、変化しにくいレディネスを確認します。参加予定者がわかれば、性別、年齢層、国籍なども容易にわかるでしょう。また、ある分野の専門家か、不特定多数なのかも事前に確認しておきたいレディネスです。

❷聞き手の基礎知識や求めている情報を確認する
　聞き手がすでに持っている基礎知識を確認します。たとえば、テレビを見ない人たちに対して、テレビの話題をしても困惑します。また、今回求めている情報が何かも、箇条書きで整理するといいでしょう。

❸レディネスに合わせたプレゼンをする
　レディネスに合わせたプレゼン資料を作成します。また、話し方もレディネスに合わせます。たとえば、若者、管理職、経営者、主婦、男子校、女子校などで、話し方や事例の話題選びが異なるでしょう。

プレゼンの大前提「変化しやすいレディネス・変化しにくいレディネス」

解決のコツ 相手のレディネスを注意深く見極める

魅力的な講演をするためには、レディネスに合わせることが重要です。

プレゼンだけでなく、日常会話でもレディネスは重要です。一般的に、女性と話すときは、理屈っぽい話をしないほうが好感度は上がります。たとえば、「運がよかったわ。このバッグ、安く買えたのよ」と女性が話したとき、男性は「なぜ、そのバッグが気に入っているの？」と聞き返さないほうが賢明です。女性が気分で話しているときは、「なぜ？」という質問は禁止です。

日常会話の中では、変化しやすいレディネスにも注意が必要です。さりげないひと言が、相手を敵に回すこともあります。たとえば、相手が気に入っているものを批判すると、好意的な雰囲気が、敵対的になる場合があるので要注意です。

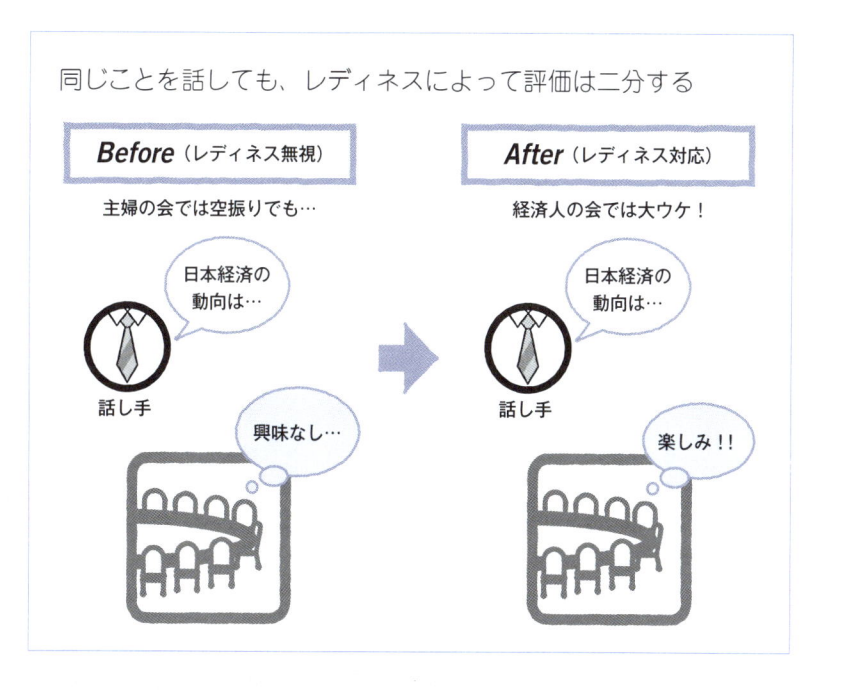

同じことを話しても、レディネスによって評価は二分する

Before（レディネス無視）
主婦の会では空振りでも…
話し手：日本経済の動向は…
聴衆：興味なし…

After（レディネス対応）
経済人の会では大ウケ！
話し手：日本経済の動向は…
聴衆：楽しみ！！

6章 プレゼンに役立つフレームワーク

33 プレゼン成功の3つのプロセス「プレ・本番・アフター」

プレゼンテーションをプロセスで把握したときのフレームワークが、「プレ・本番・アフター」。アフター・プレゼンまでを成功させて初めて、プレゼンは完結する。

プレ・本番・アフターとは　プレゼンを成果に導く3つのプロセス

プレゼンの目的は、説得です。説得とは「説明をして、相手を納得させる」ことです。さらに説得は「説明をして、自分が得をする」という意味もあります。**つまりプレゼンは、狙った成果に導くことが真の目的なのです。**

プレゼンを成果に導くためには、「プレ・本番・アフター」の3つのプロセスを確実に成功させる必要があります。3つのプロセスは、プレゼンの汎用的プロセスでもあります。

ポイント　丁寧に実行したい3つのステップ

「プレ・プレゼン」は、事前準備です。段取り八分といいますから、**事前準備が成功のカギ**をにぎっています。

「プレゼン・本番」は実際に人前でプレゼンします。わかりやすく伝えて聞き手を説得する（相手を納得させる）ことが大切です。また、熱意と工夫で聞き手が聞いてよかったなと思えるプレゼンを目指します。

「アフター・プレゼン」は、最後のひと押しです。質疑応答の時点ですでにアフター・プレゼンははじまっています。そして最後の仕上げとして、企画の承認を得るとか、受注獲得に成功すればプレゼンは成功です。

アドバイス　段取り八分のプレ・プレゼン、仕上げが大事なアフター・プレゼン

もう少し3つのプロセスについて考えてみましょう。「プレ・プレゼン」は、プレゼンテーションの目的の確認、プレゼンテーション資料の作成、会場や機材などの事前準備です。**プレ・プレゼンがしっかりできていれば、自信を持って本番を迎えることができます。**

プレゼンでアガる人は、特にプレ・プレゼンに力を入れてください。プレ・プ

3つのプレゼンのプロセス「プレ・本番・アフター」

プレ・プレゼンテーション
- プレゼンテーション目的の確認
- プレゼンテーション資料の作成
- 事前準備（会場、機材、発表練習）

（段取り八分）

↓

プレゼンテーション本番
- プレゼンテーションの実施
- わかりやすさ、正しい情報提供
- 熱意、好感度

（説得する）

↓

アフター・プレゼンテーション
- 質疑応答
- 変更要望や顧客ニーズへの対応
- 意思決定（商談成立、企画の承認）

（最後のひと押し）

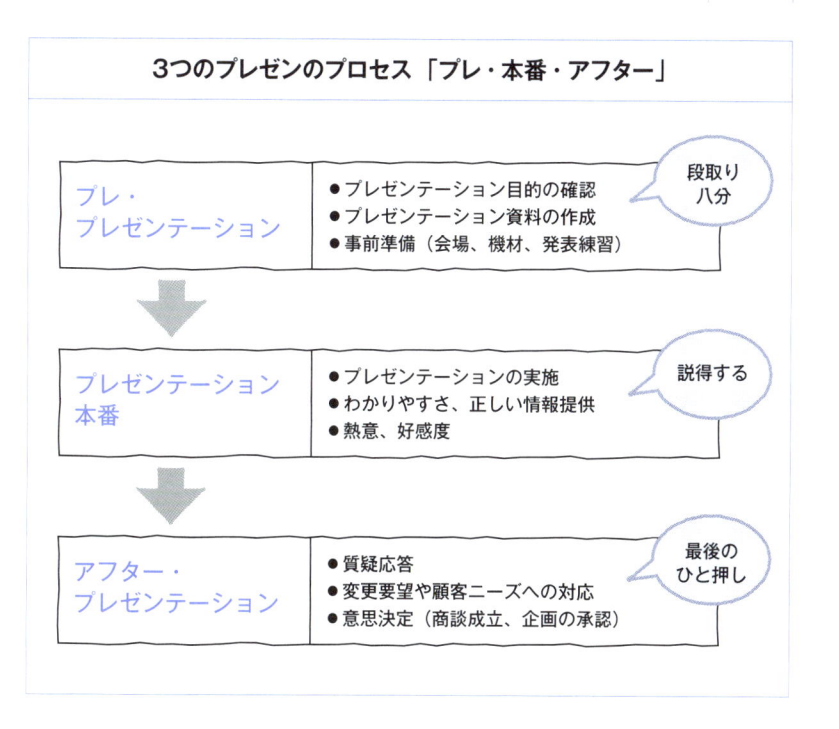

レゼンをしっかりやっておけば、「これだけ準備したのだから、失敗したらしようがない。そのときはあきらめがつく」という割り切りの気持ちを持つことができます。十分なプレ・プレゼンができれば、本番に自信が持てます。

「プレゼン・本番」は、プレゼンテーションの実施です。わかりやすさ、正しい情報提供、熱意、好感度などが大切です。たとえば、身なりや服装がきちんとしていれば、第一印象の好感度が上がります。**プレゼン・本番では、プレ・プレゼンで準備した以上の実力は発揮できません。**準備した内容を100％伝えられれば、本番に悔いなしです。

アフタープレゼンの最後は提案の許可をもらうことです。実行の意思決定や予算の確保を得ることが大切です。

165

6章 プレゼンに役立つフレームワーク

問題解決トレーニング　Let's try!
プレゼンはうまいのに受注がとれない

問題発生! プレゼンがうまいのに受注がとれないイタミ君

　第二営業課のイタミ君は、周囲も認めるほどプレゼンが上手です。イタミ君自身も、プレゼンテクニックには自信があります。彼が作成するプレゼン資料は、動画入りで聞き手を惹きつけます。効果音も入って、プロさながらです。

　しかしイタミ君には大きな悩みがあります。プレゼンがうまくいっても、受注がなかなかとれないのです。「プレゼンはうまいのになあ。でも受注がとれなきゃ、営業失格だぞ」と上司もやや不満です。

　イタミ君は、プレゼンが終わった時点で営業活動が終わったと考えているのが問題のようです。プレゼンしたクライアントから、受注の話がくるのを待っているだけなのです。「もうひと押しすればいいのに」と、同僚からも忠告される状態です。

フレームワーク活用の手順

❶プレ・プレゼンで事前準備をする

　プレ・プレゼンで事前準備をしっかりやって、本番で後悔しないようにします。聞き手のニーズをきちんと把握しなければ、聞き手を説得することはできません。また、質疑応答でどのような質問が出るかも考えておくと効果的です。イタミ君の場合はアピールの仕方をもっと工夫できるかもしれません。

❷プレゼン本番では背伸びしないで準備したことを確実に伝える

　プレゼンの本番では、準備したことを確実に伝えることが第一です。直前になって資料を手直しすると、手直しが中途半端になったり、心のゆとりを失ってしまうので要注意です。

❸アフター・プレゼンで契約に向けて粘り強く説得する

　プレゼン終了後は、そこで動きを止めずに、アフター・プレゼンで契約に向けて粘り強く説得することが必要です。好感度が高いうちに、聞き手が忘れないう

プレゼン成功の3つのプロセス「プレ・本番・アフター」

ちに、受注獲得に向けた交渉が必要です。

解決のコツ　アフター・プレゼンで、さらに押しの一手

プレ・プレゼンで参加者からの質問が想定できたなら、その質問に的確に答え、聞き手の疑問が解消できるように、資料にそのフォローを加筆しておきます。聞き手が疑問を持ちながらプレゼンを聞いていたのでは、イライラが募るからです。

プレゼンの本番では、準備したことを確実に伝えることが第一です。アガり性の人ほど、準備した内容の120％以上に見せようと、本番やその直前で画策するのです。その結果、頭が混乱して自滅パターンにはまってしまいます。

アフター・プレゼンは、契約に向けて粘り強く説得することが必要です。早く契約に持ち込まないと、聞き手もプレゼンの感動を忘れてしまいます。

アフター5は得意なイタミ君も、アフター・プレゼンは不得意なようです。プレゼンの本番終了後は、顧客の不安と疑問を解消するための質疑応答が重要です。そこからの、受注に向けたひと押しが結果に結びつくのです。

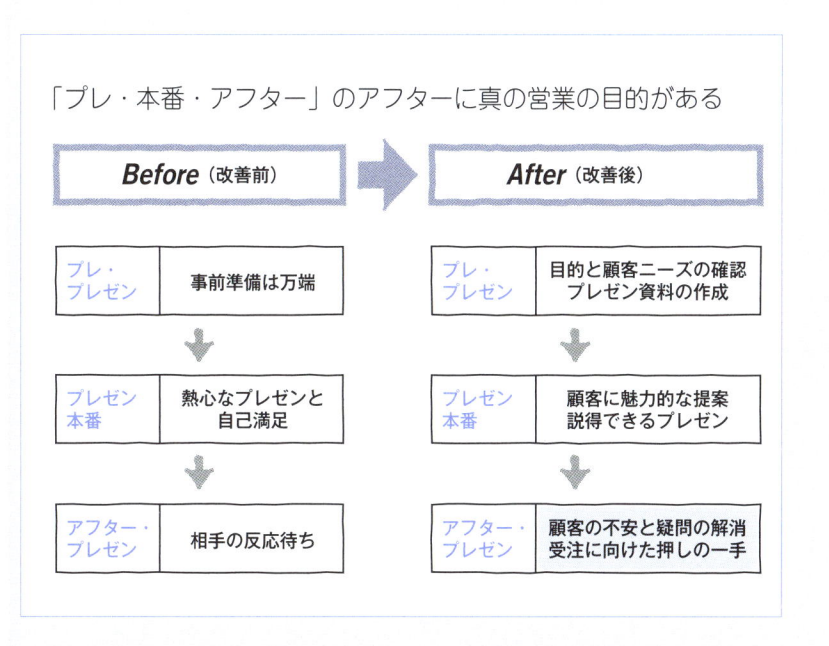

「プレ・本番・アフター」のアフターに真の営業の目的がある

Before（改善前）		*After*（改善後）	
プレ・プレゼン	事前準備は万端	プレ・プレゼン	目的と顧客ニーズの確認 プレゼン資料の作成
プレゼン本番	熱心なプレゼンと自己満足	プレゼン本番	顧客に魅力的な提案 説得できるプレゼン
アフター・プレゼン	相手の反応待ち	アフター・プレゼン	顧客の不安と疑問の解消 受注に向けた押しの一手

34 プレゼンの最小要素「背景・テーマと問い・答え・期待する反応」

「背景・テーマと問い・答え・期待する反応」は、プレゼンの最小要素。プレゼン資料を作成する前に、最初に確認しておきたいのが、この4つの項目である。

背景・テーマと問い・答え・期待する反応とは 事前に確認しておきたい4つの項目

プレ・プレゼンで最初に確認しなければいけない項目が、「背景・テーマと問い・答え・期待する反応」の4つです。

「背景」は、今回のプレゼンがなぜ必要なのかという大義名分です。「テーマと問い」はいわゆる目的です。「答え」は、聞き手に提供する結論です。「期待する反応」は、聞き手からどのような反応を期待しているのかであり、資料作成前に事前に確認します。

ポイント 4つの項目に沿うと聞いてもらえる

「背景」は、このプレゼンが必要な理由です。たとえば「プレゼンしなければ浄水器が販売できない」というようなことです。

「テーマと問い（目的）」では、たとえばテーマは、「わが社が作った浄水器のすすめ」、問いは「なぜ、わが社の浄水器が他社より優れているのか？」という問いかけをします。

「答え」は、**「要するに何を聞き手に伝えたいのか？」**という結論や主張です。たとえば、「わが社の浄水器は、具体的にどの点が他社よりも優れているか」ということです。

「期待する反応」は、話し手が聞き手にどうしてほしいのかを明確にすることです。たとえば、「浄水器はすばらしい。ぜひ大量に購入したい」という反応を期待して、プレゼンをすることです。

アドバイス 聞き手は「答え」を求めている

プレ・プレゼンで、「背景・テーマと問い・答え・期待する反応」を確認しなければ、聞き手が満足するプレゼンはできません。大義名分や目的を見失っては、

まず、確認すべき「背景・テーマと問い・答え・期待する反応」

① 背景 → ② テーマと問い（目的）
↓
話し手 — ③ 答え — 聞き手
コミュニケーションの成果
④ 期待する反応

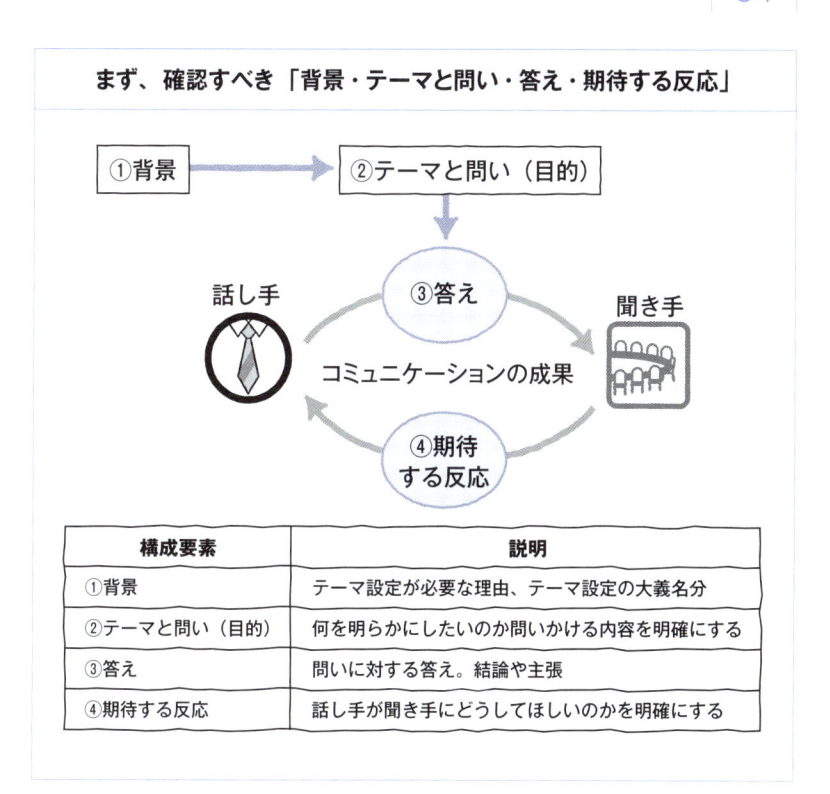

構成要素	説明
①背景	テーマ設定が必要な理由、テーマ設定の大義名分
②テーマと問い（目的）	何を明らかにしたいのか問いかける内容を明確にする
③答え	問いに対する答え。結論や主張
④期待する反応	話し手が聞き手にどうしてほしいのかを明確にする

聞き手が満足するプレゼンにはならないからです。4つの項目はプレゼン技術以前の問題です。

　聞き手は「答え」を求めています。聞き手は、わざわざ時間を確保してプレゼンを聞くわけです。**聞き手は説得されたいから、プレゼンを聞いていると考えましょう。**説得されたい聞き手に対しての親切は、聞き手が「なるほど！」と思う情報を伝えることです。自信を持って、「聞いて！　聞いて！」という気持ちで話しましょう。アガり性の人も、緊張している場合ではありません。

　話し手は、聞き手の期待に合致した答えを提示する義務があります。また話し手は、聞き手にどうしてほしいのかを明確にすること、すなわち聞き手から「期待する反応」を事前に考えてからプレゼン資料を作成すべきです。話し手にとって最も重要なことは、聞き手から「期待する反応」を勝ち取ることなのです。

6章 プレゼンに役立つフレームワーク

問題解決トレーニング　　　　　　　　　　　　　　　　Let's try!
人から信頼される話し方ができない

問題発生！ 自分が話したいことだけ話して自己満足するペラダ君

　ペラダ君は話が大好きです。いったん話し出すと止まらないくらいです。しかし、自分が話したいことだけ話して自己満足するのが欠点です。

　先日、廊下で同僚たちが話をしていると、通りすがりにペラダ君が話に割り込んできました。「その会社知っているよ。その会社はねえ……」と、10分間ペラペラ話し続けて「じゃあね」といって去っていきました。嵐の後の静けさ。「ペラダ君は一方的に話していつも去っていくね」と、残された2人は絶句です。

　ペラダ君自身は読書家で、知識が豊富です。しかし、人から情報を得ようとはしません。会話は成立せず、一方的に話して去っていくスタイルです。これでは、チームの誰とも信頼関係を結べないのでは…。

フレームワーク活用の手順

❶「背景・テーマと問い」を確認する

　プレゼンにしろ、コミュニケーションにしろ、話をするときは、「背景・テーマと問い」を確認することが第一歩です。コミュニケーションの多くは、「楽しい時間を過ごす」というテーマになります。

❷「答え・期待する反応」を明確化する

　話題を考える前に、「答え・期待する反応」を明確化します。聞き手は、「答え」を求めています。ただしコミュニケーション（会話）の場合、「答え」の多くは「楽しい時間を過ごしたね」となるでしょう。

❸どのような説得ストーリーにするかを考える

　「背景・テーマと問い・答え・期待する反応」を確認したら、どのような説得ストーリーにするかを考えます。ただしコミュニケーションの場合は、双方が会話に参加できることが最も重要です。

プレゼンの最小要素「背景・テーマと問い・答え・期待する反応」

解決のコツ　相手の存在を強く意識する

プレゼンだけでなく、会話においても、「背景・テーマと問い・答え・期待する反応」は成り立ちます。

会話の「背景」は、時間を共有することでしょう。「テーマ」は、楽しい時間を過ごしたい。「答え」は、楽しい時間を過ごしたね。「期待する反応」は、楽しかったね、でしょう。

ペラダ君の場合、「答え」は、自分が話したいことだけ話せばいい、「期待する反応」には無関心です。しかし話をする場合、聞き手が必ずいます。聞き手に無関心では、聞き手の満足度を高められません。聞き手が「楽しかったね」と思えるコミュニケーションをしなければ、誰も次回から会話をしたいとは思わないでしょう。

コミュニケーションは「話し手から情報を得る機会」です。相手に話をさせることで、自分が知らない情報を楽しく容易に得られます。会話においては自分の一方的な話しすぎに注意です。相手にも質問することで会話が弾むのです。

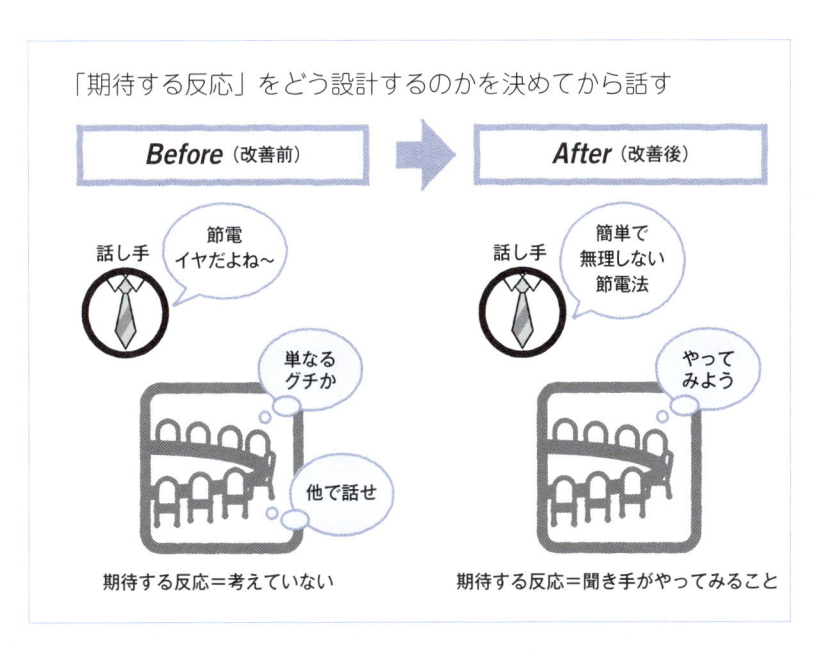

「期待する反応」をどう設計するのかを決めてから話す

Before（改善前） ➡ **After**（改善後）

話し手：「節電イヤだよね〜」
（聞き手の反応：単なるグチか／他で話せ）
期待する反応＝考えていない

話し手：「簡単で無理しない節電法」
（聞き手の反応：やってみよう）
期待する反応＝聞き手がやってみること

6章 プレゼンに役立つフレームワーク

35 「Why?・So What?」で論理的に話す

三角ロジックは、三角形の頂点に結論（主張）、底辺に説得理由を配す。なお、三角ロジックの詳細な定義では、右下に説得理由、左下に説得材料を配する。

Why？・So What？とは 論理的な話を作るフレームワーク

論理的な話、論理的な文章では、右図のような三角ロジックが成り立ちます。三角ロジックを使いやすくした手法が、ピラミッドストラクチャ（P180）です。つまりどちらも、論理的な説得ストーリーの手法です。三角ロジックの**上から下は「Why?(なぜ？)」**でつなぎます。**下から上は「So What?(だからどうした？)」**でつなぎます。上下が矛盾なく、スムーズにつながるとき、論理的な説得ストーリーが構築できます。

ポイント 「Why?・So What?」で論理を作る

「Why?・So What?」を考えるとき、**「Why 不足」は説得レス**、**「So What 不足」は主張レス（結論レス）**になるので注意が必要です。

三角ロジックの理解を、もう少し深めておきましょう。三角形の頂点の「結論（主張）」は、話の結論、提案や意見、推論のことです。何を伝えたいのか、結論を明確に定義します。

三角形の左底辺の「説得材料」は、主張を裏づける客観的な統計などの数値や事実、具体例などです。論理思考では、「事実・データ」という呼び方をしています。

三角形の右底辺の「説得理由」は、原理・原則、法則性、一般的な傾向、常識などの理由づけです。「一般的に〜の傾向がある」という説明の補足により、「So What?（だからどうした？）」と結論につなぎます。論理思考では、「論拠」という呼び方をしています。

アドバイス 「Why?」「So What?」は三角ロジックをつなぐキーワード

「Why?」「So What?」は三角ロジックをつなぐキーワードです。では、「お笑いタレントのAさんはもっと売れっ子になるだろう」という【主張】について、

「Why?・So What?」で論理的に話す

三角ロジックが成り立つと論理的な文章になる

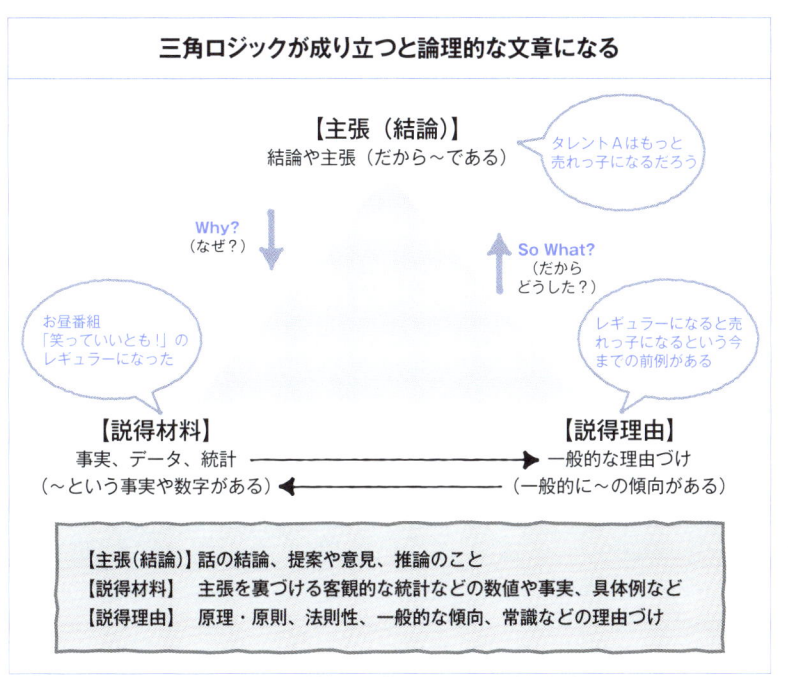

【主張（結論）】
結論や主張（だから～である）

（タレントAはもっと売れっ子になるだろう）

Why?（なぜ？） ↓　　　↑ So What?（だからどうした？）

（お昼番組「笑っていいとも！」のレギュラーになった）　　（レギュラーになると売れっ子になるという今までの前例がある）

【説得材料】　　　　　　　　　　　　　　　　**【説得理由】**
事実、データ、統計 ————————————→ 一般的な理由づけ
（～という事実や数字がある）←——————— （一般的に～の傾向がある）

【主張（結論）】話の結論、提案や意見、推論のこと
【説得材料】　主張を裏づける客観的な統計などの数値や事実、具体例など
【説得理由】　原理・原則、法則性、一般的な傾向、常識などの理由づけ

※「笑っていいとも！」は終了しましたが、事例として適切なためここに取り上げます。

三角ロジックで考えてみます。

お昼のテレビ番組「笑っていいとも！」のレギュラーに抜擢されたという【説得材料（事実・データ）】を挙げます。説得材料には誰もが否定できない事実を持ってきます。次に、【説得理由（論拠）】として、一般的な傾向として「レギュラーになると売れっ子になる」という、今までの前例を引用したとします。

結論（主張）を正当化するには、「Why?（なぜ？）」を説明する必要があります。まだ理由が聞き手に不十分な場合は、「説得材料（事実・データ）」に戻って、補足することも可能です。たとえば、ココリコ、ナインティナイン、爆笑問題、劇団ひとりなどは、笑っていいとものレギュラーになってから、さらに他の番組出演が増えたという事実を補足すれば、聞き手の納得度は上がります。

そして結論（主張）につなげるために、「So What?（だからどうした？）」と前置きして、「お笑いタレントのAさんはもっと売れっ子になるだろう」とつなげます。

6章 プレゼンに役立つフレームワーク

問題解決トレーニング　Let's try!
論理的で説得力のある話し方を身につける

問題発生!　「なぜ？」と聞くと、答えられないカン君

高校生のカン君は、生徒会長です。声が大きいだけで得票を集めました。なんせ、選挙演説が目立ったのです。しかし生徒会長に就任して早半年、カン君の問題点が目立つようになりました。それは、何事にも強引なことです。

思いつきの提案をしたかと思うと、いきなり今日から実施しようというのです。生徒会のルール変更、集会の実施など、何でも思いつきで提案します。「なぜ、ルール変更が必要なんですか？」と聞くと、必ず「何か文句あるのか？」と言い返すカン君。

この前は突然、「ジョギングをしよう」と言い出しました。

カン君が論理的でない、他の人とうまくコミュニケーションがとれないという問題が顕在化したため、他の生徒も困っています。

フレームワーク活用の手順

❶「主張」「論拠」「データ」を確認する

まず三角ロジックの「主張」「論拠」「データ」を確認します。テーマを「ジョギングのすすめ」として、主張を「ジョギングをしよう」に決めたとします。

❷「主張」→「論拠」「データ」で展開する「Why?」

「主張」→「論拠」「データ」は「Why？」でつなぎます。「なぜ？」という理由を述べることで話の説得力が高まります。

❸「論拠」「データ」→「主張」で展開する「So What?」

「論拠」「データ」である「運動が重要である」ことを理由に述べたら、「So What?」で、主張を確認します。

主張を明確にすることで要するに何を言いたいのかが伝わります。

解決のコツ 「Why?」「So What?」で説得しよう

主張が先の場合を考えてみましょう。まず主張として、「ジョギングしよう」と述べたら、「なぜ?」に応える説得材料として、事実データである「運動効果の医学的データ」を提示します。説得理由としては、「運動不足は万病のもと」という、誰もが経験上納得できる常識などの理由づけで補強します。そして、「So What?」で、再び主張を確認します。

主張が後の場合を考えてみましょう。主張が後の場合は、問いが不可欠です。「健康のために、何をすればいいでしょうか?」という問いを述べます。主張は後回しにして、説得材料として事実データである「運動効果の医学的データ」を提示します。説得理由としては、「運動不足は万病のもと」という、誰もが経験上納得できる常識などの理由づけで補強します。そして、「So What?」で、主張を述べます。

主張が先の場合と後の場合の論理展開

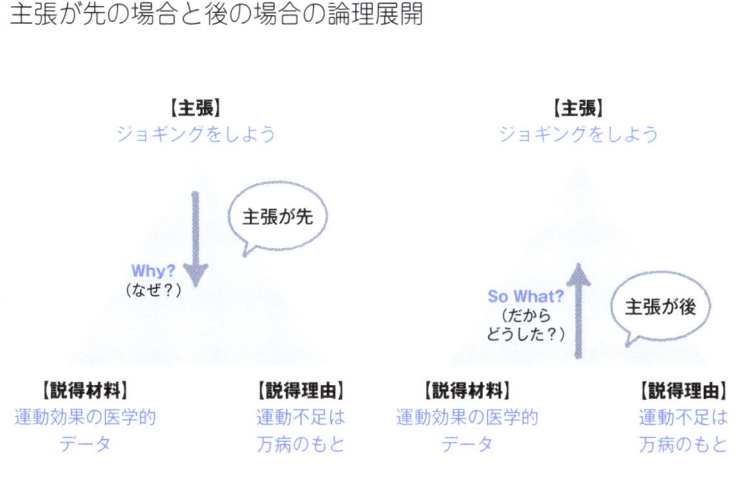

主張が先

【主張】ジョギングをしよう
↓ Why?(なぜ?)
【説得材料】運動効果の医学的データ　【説得理由】運動不足は万病のもと

ジョギングをしよう。なぜなら、運動効果の医学的データがあり、また運動不足は万病のもとだから、ジョギングをしよう。

主張が後

【主張】ジョギングをしよう
↑ So What?(だからどうした?)
【説得材料】運動効果の医学的データ　【説得理由】運動不足は万病のもと

運動効果の医学的データがあり、また運動不足は万病のもとだ。だから、ジョギングをしよう。

36 下手なプレゼンをする人は「Why レス・主張レス・情報過多」

よくわからない話をする人は、「Why レス・主張レス・情報過多」の少なくともどれか1つの状況になっている。人から「話がよくわからない」と言われる人は、この3つに陥らないよう留意しよう。

Why レス・主張レス・情報過多とは　話をわかりやすくするためのチェックポイント

わかりにくい話にならないようにするためには、「Why レス・主張レス・情報過多」になっていないか、総点検が必要です。

逆にわかりやすい話をするためには、**「Why が明確・主張が明確・適切な情報」**を目指せばいいのです。理由の説明不足は Why レスです。要するに何を言いたいのかわからないのは主張レス、話を混乱させるのが情報過多です。

ポイント　話を論理的にする近道となるフレームワーク

論理的に話さなければ、不特定多数の人を説得することはできません。論理的とは、「筋道が明確で矛盾がない状態」です。**論理的な話を妨害する要素が、「Why レス・主張レス・情報過多」です。**

自分が話したいことだけ話していたのでは、聞き手を説得できません。聞き手にとって筋道が明確で矛盾がない話をしてあげる必要があります。

また、話は長いけど、何を話したいのかわからない人がいます。思わず「要するに何を言いたいの？」と問いただしたい気持ちになった人も多いのではないでしょうか。話し手自体が「要するに何を言いたいのか」を明確にしておかないから、聞き手もイライラが募るのです。

アドバイス　「Why レス・主張レス・情報過多」を総点検する

「筋道が明確で矛盾がない状態」とはどういう状態なのでしょうか。右図は論理的な構造がどのように成り立っているかを示したものです。

三角形の頂点に「答え（主張・結論）」、底辺に「説得理由」を3つ配しています。**「答え」を「説得理由」が支えきれば、論理的で、説得力のある話になります。**

①の、三角形の頂点の上から下は、「Why ？（なぜ？）」でつながります。答

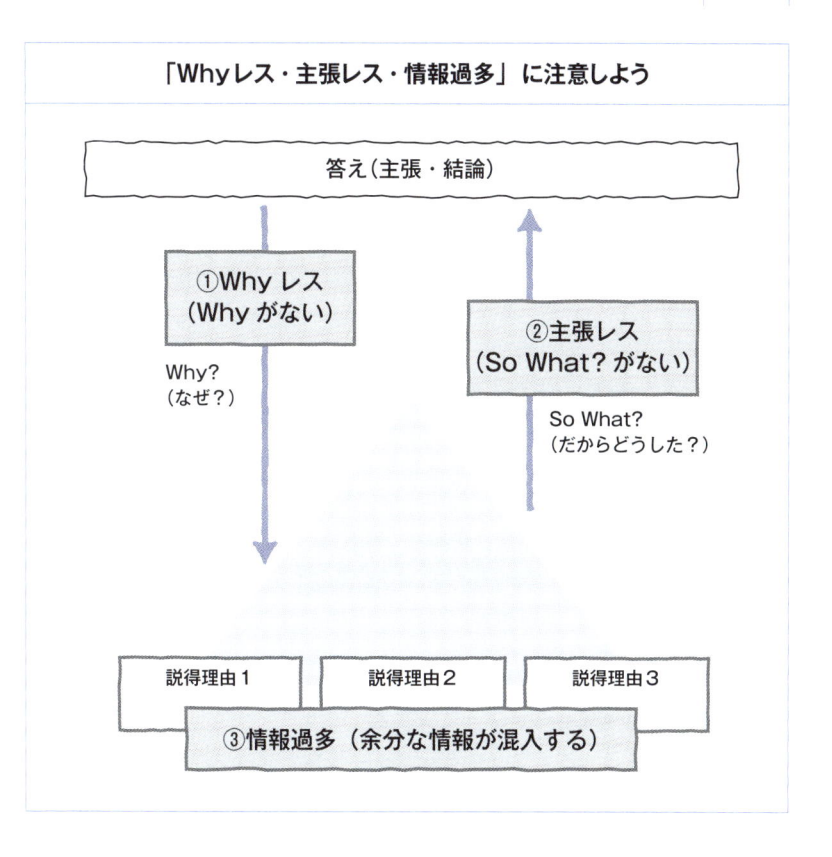

「Whyレス・主張レス・情報過多」に注意しよう

```
           答え（主張・結論）
    ┃                          ┃
    ▼                          ┃
 ①Whyレス                       ┃
 （Whyがない）      ②主張レス
                 （So What? がない）
  Why?
  （なぜ？）        So What?
                  （だからどうした？）


 ┌─────┐ ┌─────┐ ┌─────┐
 │説得理由1│ │説得理由2│ │説得理由3│
 └─────┘ └─────┘ └─────┘
   ③情報過多（余分な情報が混入する）
```

えを提示したら、「なぜ？」という理由を説明することが必要です。「なぜ？」が欠落すると、「Whyレス」です。

②の、三角形の底辺から頂点へ、下から上に到達するためには、「だからどうした？（So What?)」で答えにつなぎます。「要するに何を言いたいのか」が答え（主張・結論）になります。「So What?」が欠落すると、「主張レス」になります。

③の、三角形の底辺の説得理由に余分な情報が混入すると、情報過多になります。答えに関係ない話を省略しなければ、聞き手は混乱するしかありません。

6章 プレゼンに役立つフレームワーク

問題解決トレーニング　　　　　　　　　　　　　　　　Let's try!
言いたいことが、きちんと伝わらない

問題発生! 要するに何を言いたいのかわからないメイロ君

　メイロ君は、仕事中でも休憩中の談話室と同じような話し方をします。要するに雑談のような話し方です。

　自分が思いついたことを羅列するだけなので、聞き手が「要するに何を言いたいの?」と問いただしたくなるのです。「仕事中と休憩中を区別しなさい」と上司はメイロ君を注意します。しかし、メイロ君は「何で上司に注意されないといけないのか?」と不満に思うばかりです。

　上司が、「要するに何を言いたいの?」と聞くと、メイロ君はまた2～3分にわたって話します。「メイロ君、ひと言で何を言いたいのか話してくれるかな。結論はなんなんだい?」と聞くと、今度は1分話します。少しは改善するものの、結局言いたいことがわかりません。

フレームワーク活用の手順

❶「Why レス」になっていないか総点検する

　「Why レス」になっていないか総点検します。答え(主張・結論)を支える「なぜ?」の理由が明確かどうかを確認します。メイロ君の場合、答えがないので、Why レス以前の問題です。

❷「主張レス」になっていないか総点検する

　「要するに何を言いたいのか?」の答えがない場合、「主張レス」になっています。答え(主張・結論)を簡単な言葉でまとめる習慣をつけてください。答えは最大でも40字以内に表現しましょう。

❸「情報過多」になっていないか総点検する

　答え(主張・結論)に関係ない話を、とりとめなく談話室で話すような話し方になっていないか総点検します。「Why?」「So What?」に無関係な情報は、思いきってカットして単純明快にします。

解決のコツ 「Why レス・主張レス・情報過多」を改善

「Why レス・主張レス・情報過多」を総点検するためには、p177 の三角形の頂点と底辺が、「Why？」「So What?」でうまく連携している状態を作ります。この三角形を、論理思考では三角ロジックといいます。

三角ロジックを頭に描いてください。まず「答え（主張・結論）」として、要するに自分が何を話そうとしているのか、相手に何を伝えたいのかを確認します。「答え」を確認したら、「説得理由」を３つ前後に絞ってください。たくさん説明しようとするから、聞き手が混乱するのです。「答え」を支える重要な説得理由を３つ前後に絞ります。「その理由は３つあります」と言い切れるようになれば、わかりやすい説得理由になります。

説得理由を３つに絞れば、情報過多も防ぐことができます。聞き手は一度に多くのことを話されても、覚え切れません。容易に覚えられる限界は３つです。だから、説得理由を３つに絞るのです。

「Why レス・主張レス・情報過多」から一歩抜け出す

	Why レス	主張レス	情報過多
Before（改善前）	●理由が明確でない ●理由に説得力がない ●屁理屈、矛盾が多い	●主張が明確でない ●言いたいことが不明 ●だからなんなの？	●情報が多すぎる ●矛盾する情報が混在 ●話が複雑
After（改善後）	●理由を明確に話す ●矛盾を残さない ●十分な説得理由	●主張を明確に話す ●主張を先に話す ●主張を再確認する	●簡潔に話す ●無関係な話をしない ●単純明快に話す

37 単純明快な並列型・説得ストーリー「主張・説得理由・説得材料」

「主張・説得理由・説得材料」は、説得ストーリーを形成する3大要素。「主張→説得理由→説得材料」の階層に分けることで、単純明快な説得ストーリーを作ることができる。

主張・説得理由・説得材料とは｜単純明快な説得ストーリー作りに役立つ

「主張→説得理由→説得材料」の階層に分けることで、**単純明快な説得ストーリーを作成**することができます。このフレームワークは論理思考のピラミッドストラクチャという手法で、聞き手を説得するために効果的です。ピラミッドストラクチャは、三角ロジックを使いやすくしたものです。ピラミッドストラクチャを使えば、「Whyレス・主張レス・情報過多」を予防できます。

ポイント｜論理的に「考える」「書く」「話す」に使える

「主張・説得理由・説得材料」というフレームワークは、**論理的に「考える」「書く」「話す」のすべてで使えます。**

　論理的に説得するためには、要するに何を言いたいのか、右図のように「主張」を明確にすることが不可欠です。主張が明確になったら、「なぜ?」を説明する「説得理由」が必要です。

　詳しい説明が不要な場合は、説得理由だけでもかまいません。しかし、説明不足を防ぐために「説得材料」を加えるといいのです。説得理由について、「なぜその説得理由が正しいのか?」をさらに補足説明するのが「説得材料」です。

アドバイス｜わかりやすい話は「主張・説得理由・説得材料」で主張を支えきる

　説得ストーリーを構築する手法がピラミッドストラクチャです。ピラミッドストラクチャは2種類あります。1つめが「並列型」の、単純明快に説得ストーリーを構築するもので、今回説明している手法です。2つめが「解説型」で、かなり凝った説得ストーリーを構築する手法です（P184）。

　最上段に、前振り話題としてイントロ（背景、テーマと問い）、そして答えとして結論（主張）を配します。2段目は、説得理由を3つ配します。説得理由の

単純明快な並列型・説得ストーリー、「主張・説得理由・説得材料」

説得ストーリーは「主張・説得理由・説得材料」の順で

主張
Why?（なぜ？）

前振り話題（イントロ）
残業時間の制限
少数精鋭で仕事の増加

【結論（主張）】1人サマータイムのすすめ
1人サマータイムで仕事と私生活を両立させる
（1時間早く起きて1時間早く寝る習慣）

So What?（だからどうした？）

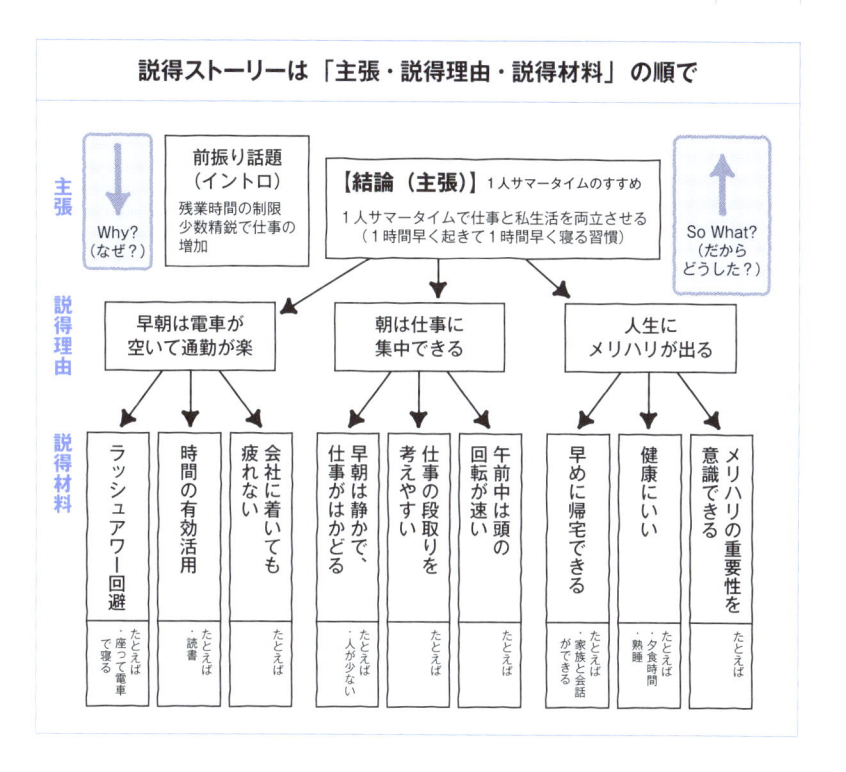

説得理由
- 早朝は電車が空いて通勤が楽
- 朝は仕事に集中できる
- 人生にメリハリが出る

説得材料
- ラッシュアワー回避
  - たとえば
  - ・座って電車で寝る
- 時間の有効活用
  - たとえば
  - ・読書
- 会社に着いても疲れない
  - たとえば
- 早朝は静かで、仕事がはかどる
  - たとえば
  - ・人が少ない
- 仕事の段取りを考えやすい
  - たとえば
- 午前中は頭の回転が速い
  - たとえば
- 早めに帰宅できる
  - たとえば
  - ・家族と会話ができる
- 健康にいい
  - たとえば
  - ・夕食時間
  - ・熟睡
- メリハリの重要性を意識できる
  - たとえば

下（3段目）に説得材料を配します。

上段から下段に移るときは、「Why?（なぜ？）」という関係が成り立ちます。逆に**下段から上段に昇るときは、「So What?（だからどうした？）」という関係**が成り立ちます。

1段目は結論（主張）です。結論を、「1人サマータイムのすすめ」とします。いままでの生活時間を、1時間早めるのです。2段目は説得理由です。説得理由は、「通勤」「仕事」「人生」の3つの視点で展開しています。3段目は説得材料です。説得理由としてさらに3つで補足説明します。

たとえば、早朝出勤をすすめる場合、「早朝は電車が空いているから通勤が楽だ」という説得理由では不十分かもしれません。その場合は、さらに「なぜ？」で追い打ちをかけます。「ラッシュアワーが回避できる」「読書などの時間が有効活用できる」「通勤疲れしない」という詳しい説得材料で支えるのです。

6章 プレゼンに役立つフレームワーク

問題解決トレーニング　Let's try!
わかりやすく簡潔なスピーチを組み立てるには

問題発生!　「最後になりますが」が何度も続いて終わらないスピーチ

　オワリ部長は話好きです。結婚式のスピーチが大好きで、若手社員をつかまえては、「お前が結婚するときは、オレにスピーチさせろよ」とご機嫌です。

　しかし若手社員たちは大きな迷惑です。というのも、オワリ部長は、スピーチが終わらないエンドレス・マシーンと悪名が高いのです。10分といえば20分、15分といえば30分以上話します。

「最後になりますが」が何度も続いて終わらないのです。若手社員たちは、「あんな人になりたくないよね」と陰口をたたく一方、どうしたらわかりやすい簡潔な話ができるのか、知りたいところです。

フレームワーク活用の手順

❶結論（主張）を１つ決める

　まず結論（主張）を１つ決めます。結婚式のスピーチの場合は、「お幸せに」が結論でしょう。そして「幸せになるために、次のようなことをおすすめしますがいかがですか」を伝えたいはずです。

❷結論を支える説得理由を３つ考える

　幸せになるためのアドバイスを３つに絞ります。たとえば、説得理由を３つの袋でまとめてみるのはいかがでしょうか。「お袋」「給料袋」「堪忍袋」を大切にしなさいと３つにまとめます。

❸説得理由を支える説得材料を３つずつ考える

　３つの袋の説得理由を、３つずつの説得材料で支えます。たとえば「お袋」は、「親を大切に」「いつも感謝の気持ちを大切に」「孫の顔を早く見せてあげよう」と、お袋を大切にする具体例を話せばわかりやすいでしょう。

単純明快な並列型・説得ストーリー、「主張・説得理由・説得材料」

解決のコツ　大切なことは３つにまとめて説明する

　結婚式のスピーチの説得ストーリーを考えてみましょう。まずイントロです。「本日はおめでとうございます。本日はお日柄もよく、門出を祝うようなお日和です」というように、自然なイントロから入ります。

　次に結論（主張）です。「３つの袋を大切にして、いつまでもお幸せに」と続けて、２段目の説得理由に移ります。「その理由は大きく分けて３つあります。その３つとは～」が一般的なつなぎ言葉です。今回は、「３つの袋とは、お袋、給料袋、堪忍袋です」と紹介します。

　さらに３段目の説得材料に移ります。「大きく１つめのお袋ですが～」と、説得材料を３つ紹介します。続いて、「大きく２つめの給料袋ですが～」、「大きく３つめの堪忍袋ですが～」と説明を続けます。最後に、「以上、３つの袋を大切にすることを、お２人の幸せのためにおすすめします」と締めくくります。

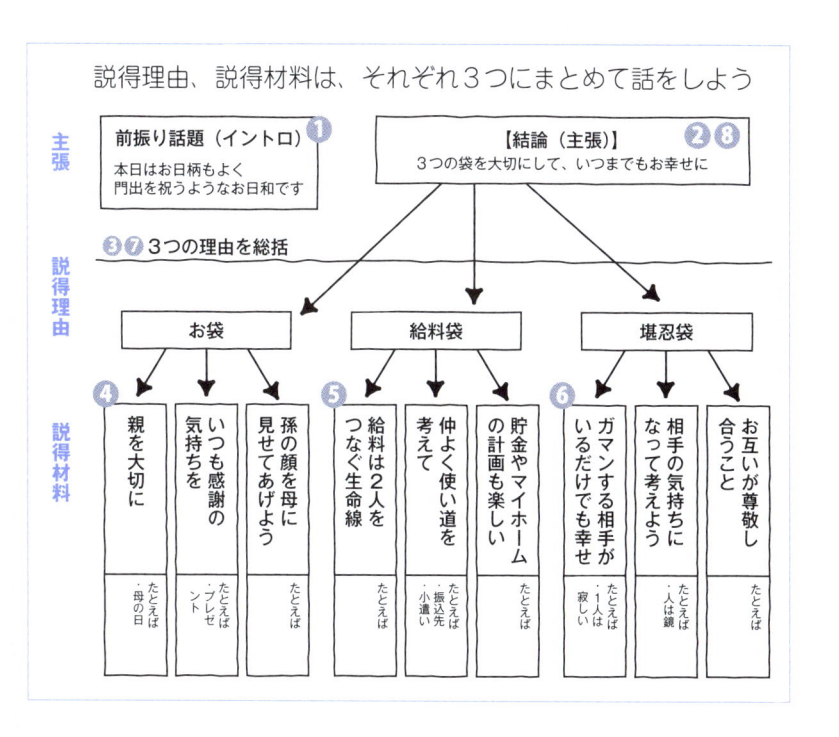

説得理由、説得材料は、それぞれ３つにまとめて話をしよう

主張

- 前振り話題（イントロ）❶
  本日はお日柄もよく門出を祝うようなお日和です
- 【結論（主張）】❷❽
  ３つの袋を大切にして、いつまでもお幸せに

説得理由

❸❼ ３つの理由を総括

- お袋
- 給料袋
- 堪忍袋

説得材料

❹ お袋
- 親を大切に（たとえば・母の日）
- いつも感謝の気持ちを（たとえば・プレゼント）
- 孫の顔を母に見せてあげよう（たとえば）

❺ 給料袋
- 給料は２人をつなぐ生命線（たとえば）
- 仲よく使い道を考えて（たとえば・振込先・小遣い）
- 貯金やマイホームの計画も楽しい（たとえば）

❻ 堪忍袋
- ガマンする相手がいるだけでも幸せ（たとえば・１人は寂しい）
- 相手の気持ちになって考えよう（たとえば・人は鏡）
- お互いが尊敬し合うこと（たとえば）

38 じっくり型の解説型・説得ストーリー「判断材料・判断基準・判断結果」

「判断材料・判断基準・判断結果」は、じっくり型の説得ストーリー。相手がきちんとした説得ストーリーを求めているときに効果的な説得ストーリーとなる。

判断材料・判断基準・判断結果とは 筋道立てた説得に使えるストーリー

「判断材料→判断基準→判断結果」の順に展開することで、じっくり型の説得ストーリーを作成できます。相手が理屈っぽいとか、論文のようにきちんとした説得ストーリーを求めている場合は、この「解説型」のピラミッドストラクチャを用います。

ポイント 最後に主張して説得する

「海外旅行は韓国がおすすめです」と説得するときの例で考えてみましょう。解説型は、「判断材料→判断基準→判断結果」の説得ストーリーで話を展開します。

1つめの「判断材料」は、まず海外旅行先の候補を3つのくくりで列挙します。3つ以上ある場合は、米国と欧州を欧米で1つにまとめるなどの工夫をします。

2つめの「判断基準」は、どのような判断基準で候補を評価するかを確認します。並列型の3つの説得理由（P180）は、ここの判断基準に適用できます。海外旅行であれば判断基準を、「安・近・短（堪）」が納得しやすい判断基準でしょう。「堪」は堪能の堪です。

3つめの「判断結果」は、「判断材料×判断基準」で総合評価します。判断結果が、ズバリ結論（主張）になります。

アドバイス 「判断材料・判断基準・判断結果」でストーリーを構築

では、テーマとして「おすすめの海外旅行は？」で、解説型のピラミッドストラクチャのストーリーをご紹介します。

イントロとして、「仕事で疲れる毎日、思いきった息抜きが必要ですね」と前振りします。テーマ・問いとして「おすすめの海外旅行先はどこでしょうか？一緒に考えてみましょう」と話します。

じっくり型の解説型・説得ストーリー「判断材料・判断基準・判断結果」

「判断材料・判断基準・判断結果」で説得ストーリーを作る

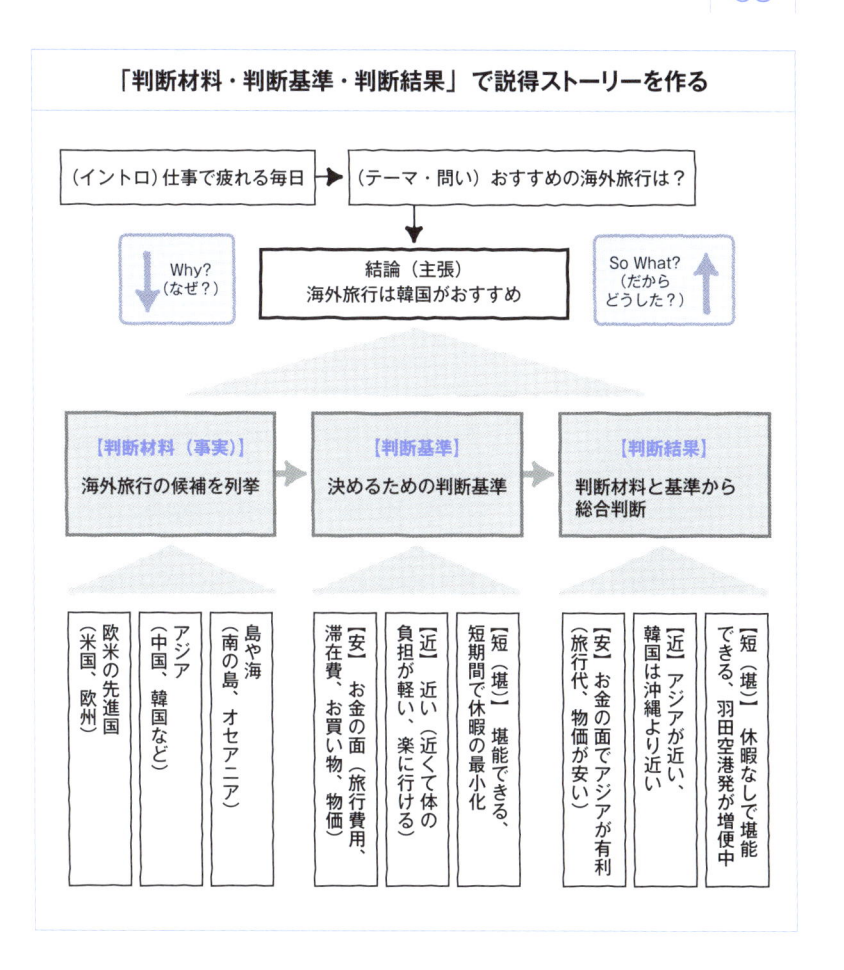

```
(イントロ) 仕事で疲れる毎日 → (テーマ・問い) おすすめの海外旅行は？
                                        ↓
    Why?              結論（主張）              So What?
   （なぜ？）      海外旅行は韓国がおすすめ      （だから
                                                どうした？）
```

【判断材料（事実）】	【判断基準】	【判断結果】
海外旅行の候補を列挙	決めるための判断基準	判断材料と基準から総合判断

【判断材料】
- 欧米の先進国（米国、欧州）
- アジア（中国、韓国など）
- 島や海（南の島、オセアニア）

【判断基準】
- 【安】お金の面（旅行費用、滞在費、お買い物、物価）
- 【近】近い（近くて体の負担が軽い、楽に行ける）
- 【短】短期間で休暇の最小化
- 【堪】堪能できる

【判断結果】
- 【安】お金の面でアジアが有利（旅行代、物価が安い）
- 【近】アジアが近い、韓国は沖縄より近い
- 【短】【堪】休暇なしで堪能できる。羽田空港発が増便中

　次に説得ストーリーに入ります。「判断材料として、どのような旅行先候補があるでしょうか？」と候補地を列挙します。ここは、事実をありのままに伝えます。
　そして、「判断基準として、安・近・短（堪）はいかがでしょうか？」と続けます。いかに提示した判断基準が優れているかを細かく説明します。
　最後に、「判断材料と判断基準を総合しますと、次のようになります」と、判断結果を解説します。そして判断した最終結果が結論（主張）です。「以上の理由により、わたしは韓国旅行をすすめます」と締めくくります。

問題解決トレーニング　Let's try!
根拠がなく、説得力のない事業提案

問題発生！　「説得力がない」といつも指摘されるコレダ専務

　コレダ専務は、「間違いない」「これしかない」が口癖です。これしかないと決めつけて、周囲から反感を買っています。しかし専務という立場上、常務以下は誰も反論できません。

　コレダ専務としては、十分考え抜いたつもりの結論です。先日は「通信事業部は売却するしかない」といって、社長と対立していました。社長としては、他に選択肢はあるはずだとコレダ専務を諭すのです。

「決めつけはよくないよ、コレダ専務」と社長。「でも他に何があるというのですか。もう通信事業部は死に体ですよ」とコレダ専務。「売却以外にも、再建や通信分野の新規商品」もありえるだろうと社長。2人の意見は平行線です。

フレームワーク活用の手順

❶「判断材料」として、代替案を3つ前後提示する

　まず「判断材料」として、代替案を3つ前後提示します。「再建を目指して、コストダウンで経営効率化を図る」「通信分野の新規商品で新しい収入を増やす」「不採算事業を売却か撤退する」の3つをあげました。

❷「判断材料」を評価する「判断基準」を明確にして提示する

　判断材料を評価する「判断基準」を、「Q（品質）、C（コスト）、D（納期）」（P124）にしてみました。仕事の品質のフレームワークですから、判断基準としてミッシーといえます。

❸判断を下す「判断結果」が主張（結論）になる

「判断材料」と「判断基準」を組み合わせて、総合的に評価します。判断材料を、Q、C、Dで評価していきます。評価結果として、最終的に事業の売却が不可欠というのであれば、コレダ専務の説得力が高まります。

じっくり型の解説型・説得ストーリー「判断材料・判断基準・判断結果」　38

> **解決のコツ**　「判断材料」と「判断基準」を明確にして結論を導く

　まず、判断材料として、経営判断の代替案を列挙します。「コストダウンで経営効率化を図る（経費削減、給与削減）」「新規商品や事業で新しい収入を増やす」「不採算事業を売却・撤退」があげられます。

　次に、判断基準を確認します。Q（品質面）は実行が容易でかつ品質が落ちない、C（コスト面）はコスト負担が少ない、D（納期面）は短期間で早く実行できる、の評価を選択しました。

　そして判断結果は、判断材料と判断基準から総合判断します。答えとして、通信事業部の経営判断として、事業の売却が不可欠という結論が導き出されました。

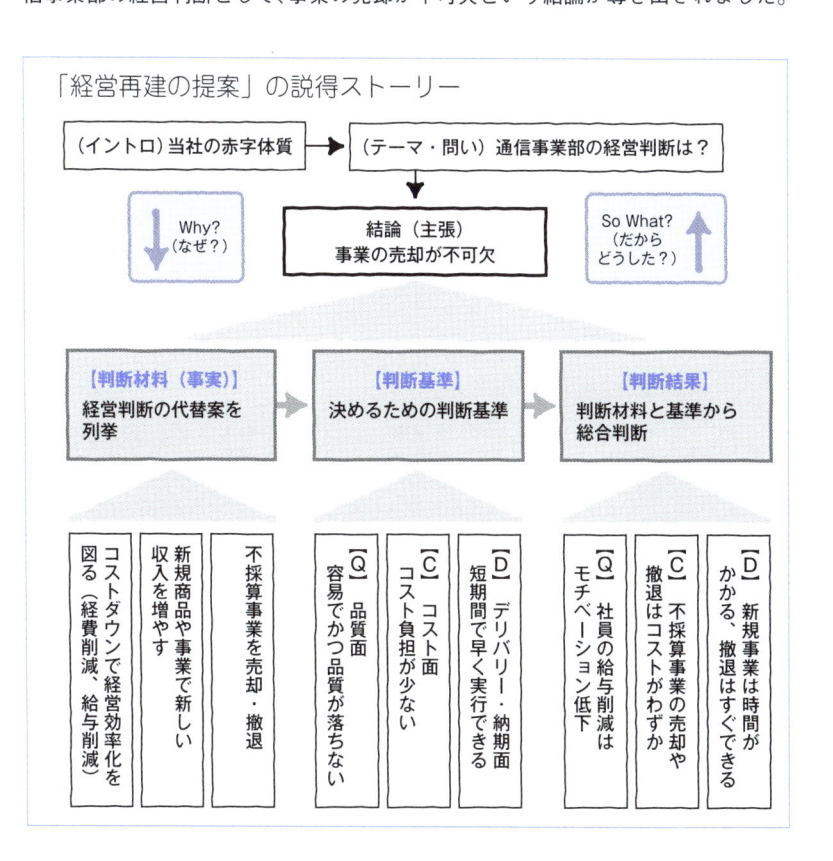

「経営再建の提案」の説得ストーリー

- （イントロ）当社の赤字体質 → （テーマ・問い）通信事業部の経営判断は？
- Why?（なぜ？）／So What?（だからどうした？）
- 結論（主張）事業の売却が不可欠

【判断材料（事実）】経営判断の代替案を列挙
- コストダウンで経営効率化を図る（経費削減、給与削減）
- 新規商品や事業で新しい収入を増やす
- 不採算事業を売却・撤退

【判断基準】決めるための判断基準
- [Q] 品質面　容易でかつ品質が落ちない
- [C] コスト面　コスト負担が少ない
- [D] デリバリー・納期面　短期間で早く実行できる

【判断結果】判断材料と基準から総合判断
- [Q] 社員の給与削減はモチベーション低下
- [C] 不採算事業の売却や撤退はコストがわずか
- [D] 新規事業は時間がかかる、撤退はすぐできる

COLUMN

意思決定者のタイプで見極めよう

　経営者には、「結論が先」が好きなタイプと、「結論が後」が好きなタイプがいます。一般的な傾向として、せっかちな人、先進的な考え方、論理的な考え方をしている経営者は「結論が先」のほうを好みます。一方、じっくり型の人、昔気質の考え方、論理的な考えが不得意な経営者は、「結論が後」のほうを好みます。

　ある会社では社長と専務が正反対のタイプであり、社長は「結論が先」を好むタイプでした。社長はスピード重視で、頭の回転も速い人です。一方、専務は「結論が後」を好むタイプです。専務はじっくり型で昔気質の親分肌です。

　ある部長の悩みは、専務がやっと納得した提案書を社長に報告すると、「論理がまったくなっていない」と、修正の嵐になることです。せっかく専務を説得するために手直しを加えたのに、さらに社長に手直しをされるのです。そして手直しをした結果、専務に最初に提案したストーリーに戻されると悩んでいました。

　そこで、悩んでいる部長に「専務は結論が後を好み、社長は結論が先を好むのではないですか？」と私が質問すると、部長は「そうなんです！」と背筋を伸ばして共感しました。

　対策として、「専務には、データを1つずつ積み上げて結論を示してください。じっくり考えるのが好きなんです。専務の承認が得られたら、社長の資料は結論を先に出して、なぜその結論が優れているのかを論理的に説明した資料に差し替えてください。結論は同じですから、問題ないと思いますよ」と助言しました。

　その後その部長から、「やってみたら、短期間で専務と社長の決裁がとれました」と報告を受けました。

　結論が先か、結論が後か。意思決定者がどちらの傾向なのかを見極めつつ選んでみてはいかがでしょうか。

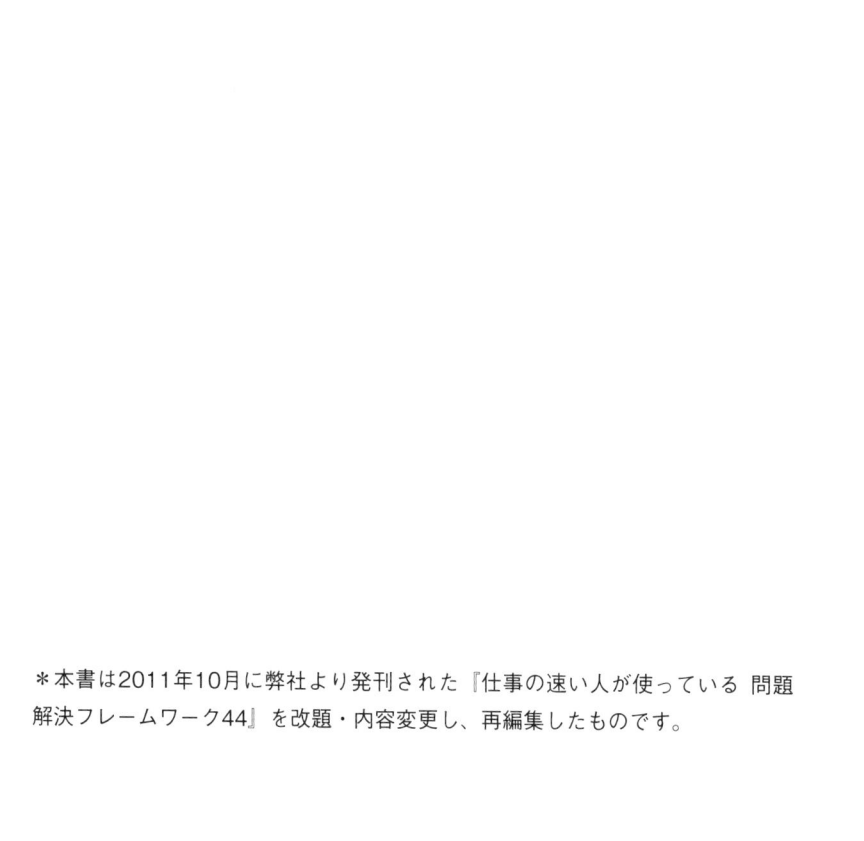

＊本書は2011年10月に弊社より発刊された『仕事の速い人が使っている 問題解決フレームワーク44』を改題・内容変更し、再編集したものです。

〈著者略歴〉

西村克己 ■にしむら かつみ■

芝浦工業大学大学院客員教授、経営コンサルタント。
岡山市生まれ。1982年、東京工業大学「経営工学科」大学院修士課程修了。富士フイルム株式会社を経て、90年に日本総合研究所で主任研究員として民間企業の経営コンサルティング、講演会、社員研修を多数手がける。2003年より芝浦工業大学大学院「工学マネジメント研究科」教授、08年より同客員教授。専門分野はMOT（技術経営）、経営戦略、戦略的思考、プロジェクトマネジメント、ロジカルシンキング、図解思考。
著書に『決断の速い人が使っている　戦略決定フレームワーク45』『「結果を出す人」がやっている　戦略思考トレーニング88』（学研パブリッシング）、『論理力1分間トレーニング』『問題解決力1分間トレーニング』（ソフトバンククリエイティブ）、『戦略思考トレーニング』（PHP研究所）、『世界一わかりやすいポーター博士の「競争戦略」の授業』（かんき出版）ほか多数ある。
nisimura@h6.dion.ne.jp

【決定版】仕事が速くなる！
問題解決フレームワーク

2014年5月12日　第1刷発行

著　者	西村克己
発行人	脇谷典利
編集人	南條達也
編集長	倉上　実
発行所	株式会社　学研パブリッシング 〒141-8412 東京都品川区西五反田2-11-8
発売元	株式会社　学研マーケティング 〒141-8415 東京都品川区西五反田2-11-8
印　刷	中央精版印刷株式会社
装　丁	萩原弦一郎（デジカル）
編集協力	アスラン編集スタジオ

〈各種お問い合わせ先〉
・編集内容については
　TEL 03-6431-1473（編集部直通）
・在庫・不良品（落丁・乱丁）については
　TEL 03-6431-1201（販売部直通）
・文書の場合
　〒141-8418
　東京都品川区西五反田2-11-8
　学研お客様センター
　『【決定版】仕事が速くなる！
　問題解決フレームワーク』係
・この本以外の学研商品に関するお問い合わせ先
　TEL 03-6431-1002（学研お客様センター）

©Katsumi Nishimura 2014 Printed in Japan
本書の無断転載、複製、複写（コピー）、翻訳を禁じます。
本書を代行業者等の第三者に依頼してスキャンやデジタル化することは、たとえ個人や家庭内の利用であっても、著作権法上、認められておりません。
複写（コピー）をご希望の場合は、下記までご連絡ください。
日本複製権センター　TEL 03-3401-2382
http://www.jrrc.or.jp/
E-mail:jrrc_info@jrrc.or.jp
R〈日本複製権センター委託出版物〉
学研の書籍・雑誌についての新刊情報、詳細情報は、下記をご覧ください。
学研出版サイト　http://hon.gakken.jp/

学研パブリッシングの本

決断の速い人が使っている
戦略決定フレームワーク 45

ビジネスの意思決定に役立つ最強ツール！
西村克己 著

- フレームワークの仕組みを完全マスター！
- トレーニング形式で身につく！
- 論理的に問題解決ができる！

定価　1,500円＋税
A5判／2色・224ページ
ISBN　978-4-05-405255-0

学研パブリッシングの本

「結果を出す人」がやっている戦略思考トレーニング88

最新ビジネス戦略の仕組みと使い方がすぐわかる
西村克己 著

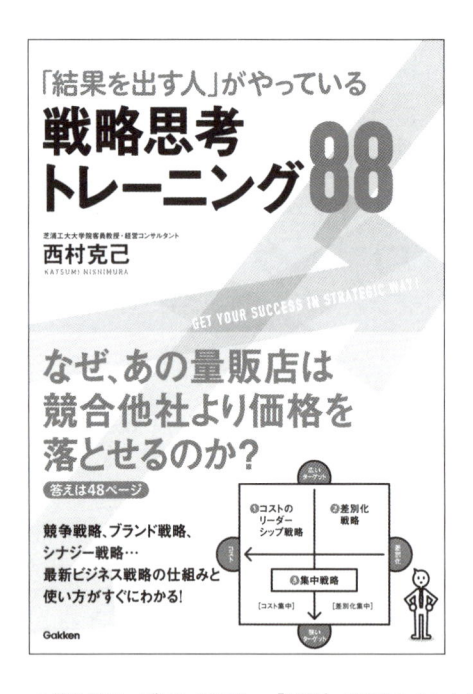

- 競争戦略、ブランド戦略…「戦略」が初歩からわかる！
- "経営目線"の考え方がたちまち身につく！
- 実例トレーニングでビジネスの「地頭力」がアップする！

定価　1,500円＋税
A5判／2色・208ページ
ISBN　978-4-05-405418-9